小論文これだけ!

書き方 経済・経営編

樋口裕一
大原理志

東洋経済新報社

はじめに

経済学部や経営学部の小論文試験に対して、どう対策をしていいのかわからずに困っている人は少なくありません。

まず、「そもそも小論文はどう書くものかわからない」という人もいるでしょう。それがなんとなくわかっていても、「合格レベルの小論文を書くために、どんな勉強や準備をすればいいのかよくわからない」という人もいるはずです。

経済・経営系の小論文の場合は、とくにテーマが幅広く、使われる用語も難しそうで、知識がないと、何が問題になっているのかさえわからないこともあります。そのため、「合格レベルどころか、何をどう書けばいいかわからない」という人も少なくないと思います。

そんなみなさんのために、この本をつくりました。

「小論文の基本中の基本」から「経済・経営系の小論文は何をどう書けばいいか」まで経済・経営系の小論文試験に合格するのに必要なノウハウを、この1冊に詰め込んでいます。

第1章で、「小論文とは何か」「小論文の基本的な書き方」など、基礎の基礎を教えます。

次いで第2章では、「経済・経営系の小論文ならではの特徴」「よく出るテーマや出題形式」などを説明します。

まずはここまで、本格的な対策・準備に入る前にしっかりと押さえてください。

そして、第3章以降では、経済・経営系の小論文でよく出る課題のタイプ別に、「具体的な書き方」や「書き方のコツ」などを、できるだけわかりやすく説明していきます。

その際、各章に2題ずつ過去問題から例題を出し、それを解くことでノウハウが自然に身につくように構成しています。自分の志望校の出題傾向に合った部分だけでなく、それ以外の部分も読むことで、どんな課題が出ても自在に対応できるようになるでしょう。

そして最後に、「近年の経済・経営系の小論文に頻出する23の基本テーマ」について、簡単な解説をつけます。最低限、この程度のことを理解しておけば、難しい課題文も読み解けるようになるはずです。

そのうえで、さらに勉強を進めたり、知識を深めたい人は、同じ『小論文これだけ！』シリーズの『小論文これだけ！ 模範解答 経済・経営編』『小論文これだけ！ 経済 深掘り編』などをあわせて読んでください。そうすれば、さらに力がつくはずです。

本書を手にとったみなさんが、小論文を武器として、志望校の合格を勝ち取ってくれることを、心から祈っています。

目次

第3章 課題文のついた問題は、どう書けばいい？

第4章 対策を考える問題は、どう書けばいい？

第1章

小論文とはどんなもの？

1 小論文と作文はどう違う？

みなさんの中には、文章を書くことに苦手意識をもっている人も多いと思います。

とくに、文学部などと違って、経済・経営学部を志望する人の中には、文章が苦手で、最初から「自分は小論文なんて書けない」と思い込んでいる人もいるでしょう。

しかし、**みなさんが小学校や中学校で書かされてきた「作文」と、これから勉強する小論文とは、まったく違うもの**です。

「作文」というのは、出来事の体験や感想などを書く文章です。体験や感想などを上手に伝えるためには、文章のセンスが必要です。

そのため、たくさん本を読んできたり、言葉をよく知っている人のほうが、どうしても得意になります。そうでない人が、苦手に感じるのもわかります。

しかし、最初から苦手意識をもつ必要はありません。

「小論文」というのは、ある問題についてイエスかノーかを答える文章です。

まとめ

作文＝出来事の体験や感想を書く文章

▶文章のセンス（読書体験、豊富な語彙など）が必要

小論文＝ある問題についてイエスかノーかを答える文章

▶論理的思考力さえあれば、文章のセンスは不要

たとえば、「長時間労働について」というテーマに対して、自分の父親が長時間労働で苦労している話をして、「長時間労働で苦しんでいる人が大勢いるので、いますぐやめてほしい」といった感想を書いても、作文にしかなりません。

また、長時間労働について新聞で読んだ知識などをそのまま書いても、それだけでは小論文にはなりません。

長時間労働について、イエスかノーかで答えられる問題、たとえば「長時間労働を法律で禁止するべきか」などの問題を、まず考えます。それに対してイエスかノーかを判断し、その理由を論じることで、はじめて小論文になるのです。

このように、**小論文では、物事を論理的に考えることができれば、文章のセンスなど必要ありま**

せん。

誰でも、書き方さえ学べば、すぐに書けるようになるのです。

2 「型」を身につければ、小論文は書けるようになる！

それでは、どうすれば小論文を書けるようになるのでしょうか。

そのためには、**「型」を身につける必要があります**。

先ほども言ったように、小論文はイエス・ノーを判断し、その理由を論じる文章です。

そうした文章が説得力をもつためには、**文章そのものが論理的に構成されている必要があります**。

「型」というのは、論理的に物事を考える手順のことです。したがって、**「型」通りに文章を構成すれば、自然に論理的な文章になります**。

これは、数学の方程式と同じ、一種の公式のようなものです。この公式に従って文章を組み立てれば、それが「小論文」になるわけです。

樋口式小論文では、字数の長さに応じて、2つのタイプの「型」を指導しています。

次に、その2つの「型」をそれぞれ説明していきます。

①A・B型（二部構成）

経済・経営系の小論文では、200〜300字程度の短めの小論文を書く問題がよく出されます。たいてい、いくつかの設問があって、その中に自分の意見を求める設問があるパターンです。

その場合、次に教える**A型・B型のどちらかを使えば、うまく書けるはず**です。

この書き方は、**要約問題や説明問題、記述式問題などを答えるときにも役に立つ**ので、ぜひ覚えてください。

★A型（頭括型）

第1部　問われている事柄に対する答えをズバリ示す
第2部　その答えについて、そう考える根拠や具体例、対策などを説明する

「A型」は、最初にズバリ自分の意見を示し、次にその根拠などをくわしく説明するパターンです。

「自分の言いたいことが明確に伝わる」という点で、わかりやすく、論理的になりやすいので、ほとんどの問題は、この「A型」で対応できるはずです。

ただし、問題によっては、まず具体例などをしっかりと説明したうえで、最後に自分の主張をまとめるほうが説得力をもつこともあります。

３００字など、字数が比較的長めの場合は、そのほうが書きやすいこともあるでしょう。

そうした場合は、次の「Ｂ型」を使います。

★「B型」（尾括型）

第1部　第2部で示す答えの根拠や具体例などを説明する

第2部　問われている事柄に対する答えを簡潔にまとめる

「B型」は、「A型」を逆にしただけなので、簡単に覚えられるでしょう。

Q

【例題】
長時間労働について、あなたの考えを200字以内で書きなさい。

A

【解答例】（200字以内）

A型の場合

私は、長時間労働をもっと厳しく禁止するべきだと考える（第1部）。長時間働いていると、人は集中力を失い、非効率的になる。とくに「ほかの社員も働いているから」という義務感だけで働いていると、仕事に前向きに取り組むこともできなくなり、生産性が著しく低下する。時間を区切って仕事に集中し、休むべきときには休むほうが、効率的に仕事を進められる。それが、結局は企業の生産性を高め、日本経済の活性化につながるはずだ**（第2部）**。

B型の場合

長時間働いていると、人は集中力を失い、非効率的になる。とくに「ほかの社員も働いているから」という義務感だけで働いていると、仕事に前向きに取り組むこともできなくなり、生産性が著しく低下する。時間を区切って仕事に集中し、休むべきときには休むほうが、効率的に仕事を進められる。それが、結局は企業の生産性を高め、日本経済の活性化につながるはずだ**（第1部）**。したがって、私は長時間労働をもっと厳しく禁止するべきだと考える**（第2部）**。

②四部構成

400字かそれを超えるような長めの小論文の場合、樋口式小論文では、**「問題提起・**

意見提示・展開・結論」の４つの部分から成り立つ「型」（四部構成）を指導しています。**経済・経営系でも、４００字から６００字くらいまでの小論文問題が最も多い**ので、この**「四部構成」をしっかりと身につける**必要があります。

具体的には、次のような構成です。

第1部　問題提起

与えられたテーマを**「イエス・ノーで答えられる問題」にして、論点をはっきりさせ、「何について論じている文章か」を明確にします**。

課題文があって、それについて論じる小論文問題のときには、**ここで課題文の主張をまとめたうえで、その主張に対して問題提起をします**。

また、○○のあり方や、今後の対策・課題などが問われている場合は、イエス・ノーの問いかけの代わりに、「私は○○はこうあるべきだと考える」「私はこういう対策をすべきだと考える」などのように、**自分の考えをズバリ示して始めます**。

分量的には、全体の10パーセントから、場合によっては（課題文がある場合など）20パーセントくらいが適切です。

第2部　意見提示

「確かに……。しかし……」という構文を使って、予想される反対意見を示したうえで、イエス・ノーを明確にします。

予想される反対意見を書くのは、そうすることで「自分は反対意見もきちんと踏まえて考えていますよ」ということをアピールできるからです。

それと同時に、**「確かに……」の部分をしっかり書くことで、**字数稼ぎにもなります。

そして、**段落の最後にイエス・ノーを明確にすることで、論の方向をはっきりさせる**ことができます。

ここは、全体の30パーセント程度が適切です。

第3部　展開

小論文で最も大切な部分です。

ここで、イエス・ノーの根拠（なぜそう言えるのか）をしっかりと説明します。

問題の背景などを踏まえて、読み手の納得がいくように、できるだけ掘り下げて説明する必要があります。

ここがしっかりと書けているかどうかで、その小論文の価値が決まります。

分量は、全体の40〜50パーセントがいいでしょう。

第4部　結論

最後のまとめの部分です。ここでは、**問題提起に対する答えをもう一度まとめるだけで十分です。**

全体の10パーセント以下でかまいません。

まとめ

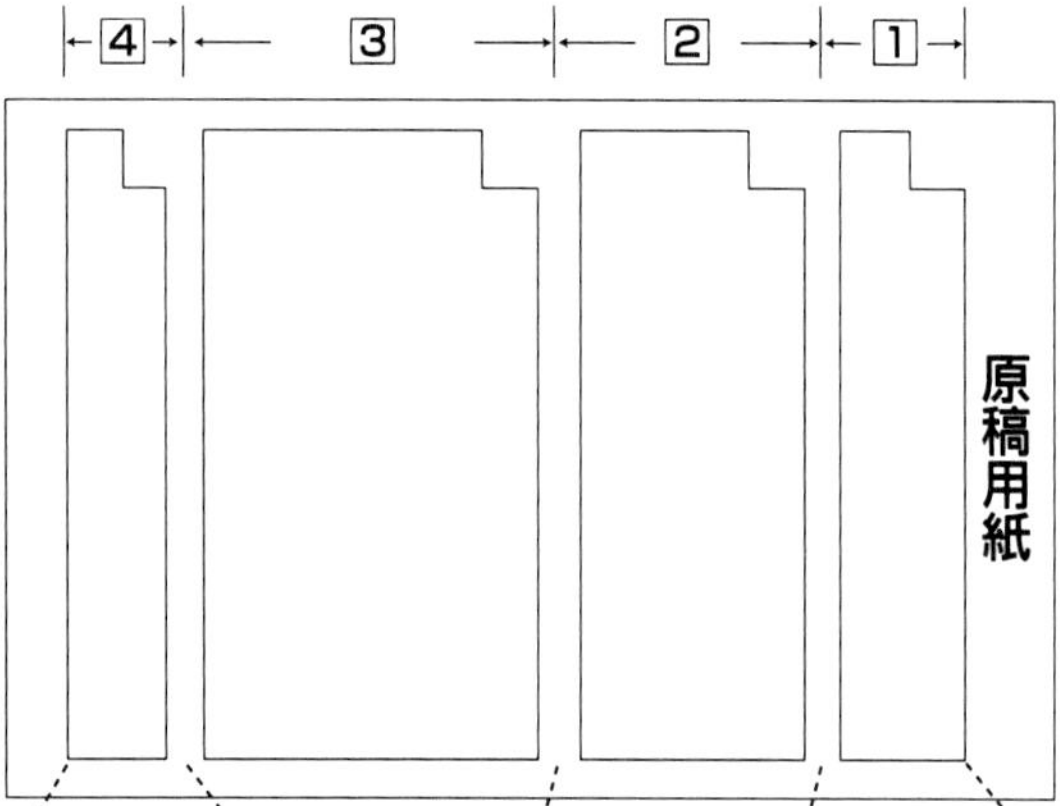

基本形・書き出し例

問題提起 10〜20%	意見提示 30%程度	展開 40〜50%	結論 10%以下
「……だろうか。」	「確かに、……。しかし、……。」	「なぜなら、……。」「その背景には……。」「そもそも○○とは、……。」	「以上により、……。」「したがって、……。」

８００字以内であれば、この４つの部分をそれぞれひとつの段落にして、全部で４つの段落に分けて書くといいでしょう。

この**四部構成を頭に入れておけば、どんな問題にも対応できる**ようになります。

もちろん、この公式に当てはまりにくい問題もありますが、その場合も、**基本の「型」を少しアレンジすれば、簡単に書ける**はずです。

A

【解答例】（６００字以内）

日本は、先進国の中でも労働時間が長いことで知られている。近年も、長時間労働の弊害が、しばしば問題になっている。それでは、長時間労働を、法律でもっと厳しく禁止するべきなのだろうか。

確かに、長時間労働をいとわないことで、日本が経済成長を遂げられたという面は否定できない。長時間労働は、たんに仕事量が増えるというだけではない。社員が会社で一緒に長い時間を過ごし、仕事を通して苦楽を共にすることで、社内の一体感や連帯感が生まれ、それが企業の成長につながることもあるだろう。しかし、だからといって、これからの時代はそうした長時間労働を許すべきではない。

長時間労働が問題なのは、それがかえって生産性を下げる恐れがあるからだ。長い時間働いていると、人は集中力を失い、非効率に陥ってしまう。とくに、「ほかの社員も働いているから」といった義務感だけで働くようになると、仕事に前向きに取り組むこともできなくなり、生産性が著しく下がってしまう。それは、一企業の問題ではなく、長時間労働を許容する日本社会全体の問題でもある。ルールを決め、時間を区切って仕事に集中し、休むべきときには休むほうが、効率的に仕事を進められる。それが、結局企業の生産性を高め、日本経済に活力を与えるもとになるはずだ。

したがって、私は長時間労働をもっと厳しく禁止すべきだと考える。

まとめ

「型」のタイプ

★短めの小論文の場合（二部構成）

A型

第1部　問われている事柄に対する答えをズバリ示す

第2部　その答えについて、そう考える根拠や具体例、対策などを説明する

B型

第1部　第2部で示す答えの根拠や具体例などを説明する

第2部　問われている事柄に対する答えを簡潔にまとめる

★長めの小論文の場合（四部構成）

第1部　問題提起「……だろうか。」

第2部　意見提示「確かに、……。しかし、……。」

第3部　展開「なぜなら、……。」「その背景には……。」「そもそも◯◯とは、……。」

第4部　結論「以上により、……。」「したがって、……。」

3 小論文を書くときに注意してほしい7つのポイント

最後に、実際に小論文を書くときに注意してほしい点を、7つにまとめて説明しておきましょう。

7つの注意点

①小論文は「だ・である」で書く

小・中学校での作文は、「です・ます（敬体）」を使って書いていた人が多いでしょうが、**小論文は、原則として「だ・である（常体）」で書いてください**。

小・中学校時代のくせで、つい「です・ます」で書いてしまう人もいるようですが、「です・ます」で書くと、どうしても間延びして、作文っぽい文章になってしまいます。

「だ・である」を使えば、引き締まって、自然に小論文らしい文体になるはずです。

また、「だ・である」で始めたのに途中で「です・ます」になったり、ところどころ「です・ます」が混じったりする人がいます。

これは、**日本語の文章としては絶対にやってはいけないこと**なので、注意してください。

【例】

× **長時間労働をすると、どうしても非効率的になります。その結果、生産性が低下する。**

○ **長時間労働をすると、どうしても非効率的になる。その結果、生産性が低下する。**

7つの注意点 ② 一文を短くする

一文が長くなると、どうしてもくどくてわかりにくい文章になります。

そういう場合は、たいてい考えながら書いているので、途中で何が言いたいのかわからなくなったり、主語と述語がかみ合わなくて、文法的に不正確な文章にもなりがちです。

そこで、**小論文では、一文を60字以内に収めるつもりで書きましょう**。

そうすることで、頭の中も整理されて、自然に論理的でわかりやすい文章になります。

【例】

×

長時間働いていると、人は集中力を失い、非効率的になってしまい、そのために生産性が落ちてしまうが、それが結果的に企業全体の生産性を低下させ、日本経済の停滞につながる恐れがあるので、長時間労働は厳しく禁止するべきだ。

○

長時間働いていると、人は集中力を失い、非効率的になってしまい、そのために生産性が落ちてしまう。それが結果的に企業全体の生産性を低下させ、日本経済の停滞につながる恐れがある。したがって、長時間労働は厳しく禁止するべきだ。

7つの注意点 ③話し言葉で書かない

小論文は、字数は少なくても論文です。

そのため、**「よそいきの言葉」で書くのが原則**です。

とくに大学入試の小論文は、大学の先生に読んでもらうための文章です。

若者言葉や流行語、省略語など、**話し言葉は絶対に使わない**ようにしましょう。

また、ら抜き言葉や「なので」「しないべき」などのように、**本来は正しい日本語では**

ないのに、いつのまにか多くの人が使っている言葉遣いも、使わないほうがいいでしょう。

経営系の中には、客（顧客、消費者）のことを「お客さん」とさん付けにする人もいますが、小論文ではその必要はありません。

その点も気をつけましょう。

【例】

× でも、お客さんの中には、そうしたサービスなんて望まない人だっているだろう。

○ しかし、客の中には、そうしたサービスなど望まない人もいるだろう。

× なので、私は、時間外労働に残業代を出さないことを認めないべきだと考える。

○ したがって、私は、時間外労働に残業代を出さないことを認めるべきではないと考える。

7つの注意点

④自分のことは「私」と書く

小論文で「おれ」「あたし」などを使う人はまさかいないと思いますが、「僕」「自分」もやめましょう。

小論文の一人称は、「私」で統一するのが原則です。

7つの注意点

⑤弁解しない

ふだん考えたことのない問題について書くとなると、つい「私はこの問題をよく知らないのだが」とか、「本当のところはよくわからないが」などと言い訳をしたくなります。

気持ちはわかりますが、こんな言い訳をしたからといって、採点が甘くなるわけではありません。

かえって、採点者によくない印象を与えてしまいます。

たとえ自信がなくても、それほど考えたことのない問題でも、**小論文では、自分の意見に自信をもって、はっきりと言い切ることが大切**です。

それが、意見の内容に説得力を与えることもあるからです。

7つの注意点 ⑥原稿用紙の正しい使い方を守る

小論文の解答用紙は、原則として、**学校で習った原稿用紙の使い方を守って書きましょう。**

次のページにまとめたルールは基本なので、しっかりと守ってください。

7つの注意点 ⑦字数制限を守る

入試の小論文には、設問ごとに字数制限があります。これは絶対に守ってください。

ときどき、字数制限を甘く見て、「１～２行ならオーバーしてもいいだろう」と考えている人がいますが、**１字でも制限字数を超えると不合格**にされても文句は言えません。

具体的には、次のように考えてください。

★「○○字以内」という指定の場合

最も多いパターンです。

できれば○○字の９割以上（６００字であれば、５４０字以上）は書くのが理想ですが、**最低でも８割（４８０字）は超える必要があります。**

まとめ

原稿用紙の使い方のルール

▶書き出しと段落の初めは1マス空ける

▶原則として、1マスに1字を埋める。句読点やカッコも1マス使う

▶行の最初のマスには句読点や閉じカッコを書かない。これらが行の最初に来るときには、前の行の最後のマスの中に書く

▶ただし、拗音や促音（「守って」の「っ」など）は、行の最初のマスに書いてかまわない

▶数字は、原則として、横書きの場合は算用数字（1、2、3…）、縦書きの場合は漢数字（一、二、三…）を使う

▶横書きの場合、数字やアルファベット（略語や英語表記など）は1マスに2字ずつ入れる

まとめ

小論文を書くときの7つの注意点

①小論文は「だ・である」で書く
②一文を短くする
③話し言葉で書かない
④自分のことは「私」と書く
⑤弁解しない
⑥原稿用紙の正しい使い方を守る
⑦字数制限を守る

★「〇〇字程度」という指定の場合

あいまいな指定ですが、この場合も、理想はプラス・マイナス1割以内（600字であれば、540～660字）、最低でもプラス・マイナス2割以内（480～720字）をめざしてください。

逆に、その範囲を超えてしまうと、不合格にされる危険があります。

★「〇〇字以上××字以内」という指定の場合

この場合は、もちろん、その範囲内に収まるように書かなければなりません。

第2章

経済・経営系の小論文の特徴は？

1 経済・経営系の学部はどんなところ？

経済・経営系の学部には、**「経済学部」**や**「経営学部」**のほか、**「経済経営学部」「商学部」**などがあります。

「政治経済学部」や「人文社会科学部」の中に経済・経営系の学科やコースが設置されている場合もあります。また、経済学部の中に経営系の学科・コースがある場合もあります。

もうひとつ、最近は地域経済の振興に特化した学部・学科も増えています。愛媛大学の社会共創学部・産業マネジメント学科、高知大学の地域協働学部などが代表例です。

経済・経営系の学部は、就職に強いというイメージがあります。

実際、経済の仕組みやお金の動き、ビジネスの実務など、会社に入って役に立つ知識を学ぶ機会は多いでしょう。

そのため、金融業界や商社はもちろん、幅広い業種で戦力として求められやすいのは事実です。

とはいえ、文系だからという理由だけで、気軽に経済・経営系を選ぶのはすすめられません。

数学が苦手という理由で経済・経営系を選ぶ人も多いと思いますが、**経済学を学ぶには数学の知識が不可欠**です。経営学ではそこまではありませんが、**会計などを学ぶ場合は、当然、数学が必要**になります。

もちろん、理数系のように高度な数学が要求されるわけではありませんが、それでも、**数式を見るのも嫌というタイプだと、入学してから苦労することになる**ので、注意が必要です。

2 経済学部と経営学部では、何が違う?

では、経済学部と経営学部では、何が違うのでしょうか。

大きくいえば、**大学に入って学ぶ内容と目的が違います**。

★経済学部で学ぶこと

経済学部では、経済の仕組みに関する理論を勉強します。

人間がどのように経済を動かしているかを理論的に研究し、これからの経済動向などを予測するのが経済学の目的です。

★経営学部で学ぶこと

一方、**経営学部では、ビジネスの実務を学ぶのが中心**です。

企業や組織をどう運営するか、どんなマーケティングをするべきか、どんな会計行為をする必要があるのか、といったことを勉強します。

ちなみに、**商学部も、特徴としては経営学部とほぼ同じ**と思ってかまいません。

このように、大学で学ぶ内容は違いますが、じつは、**入試小論文の内容にはそれほど違いはありません**。企業の経営も、結局は国の経済政策や社会が抱える経済問題に左右されるので、経済の問題をしっかりと理解しているかどうかが問われる点では同じです。

したがって、**全体としてはほぼ同じような問題が出題される**と思って間違いないでしょう。

3 「経済・経営系に向く人」の4つのタイプは？

大学入試の小論文には、多かれ少なかれ、適性検査の面があります。

文学部には文学を、法学部には法律を勉強するのにふさわしい学生に入ってほしいので、そうした適性があるかどうかを、小論文を書かせることで判断するわけです。

経済・経営学部の小論文も、それは同じです。

経済・経営学部では、次の４つのような資質をもつ学生が求められています。

経済・経営系の小論文を書くときには、つねにこれらのポイントに注意して、**自分の適性をアピールする**ことを心がけてください。

逆にいえば、自分の書いた文章が、こうした適性を否定する内容になっていないかどうか、つねにチェックすることが大切です。

①社会に関心がある

文学部や理系の学部の場合は、社会にそれほど関心がなくても、対象となる学問への情熱があれば十分かもしれません。しかし、経済・経営学部ではそうはいきません。

経済は、社会の中でつねに生きて動いています。社会の変化が経済に影響したり、経済のちょっとした動きが社会全体に影響を与えたりします。

そして、**社会の中で生活している人は誰でも、経済の動きと無関係ではいられません。**

そうしたことをきちんと理解し、**自分が社会の一員であることをしっかりと認識して、社会の動きに敏感な人**が、経済・経営学部では求められているのです。

したがって、**ふだんから新聞やテレビニュースなどをよく見て、社会の現状や問題点をきちんと理解し、それについて自分の意見をもっておく**ことが大切です。

②経済動向に関心がある

そんなに大げさなことではありません。少し注意をしていれば、近所のスーパーで野菜の値段が少し上がっていたり、近所のラーメン屋がいつのまにかつぶれていたり、商店街に人が増えていたり……といったことに気づくはずです。

これらは**すべて、経済の動きと関係**しています。

そうしたことに目を向けて、

「なぜ、野菜の値段が上がったんだろう」

「この店はどうしてつぶれたのかな」

「最近、この商店街に人が増えたのはなぜだろう」

といったことに**疑問をもてるような人**が、経済・経営学部に向いています。

③妥当な判断ができる

学部によっては、個性的で独創的な人が求められることがあります。文学部や芸術学部などがそうでしょう。

しかし、**社会科学系、とりわけ経済・経営学部では、社会の問題に対して妥当で論理的な判断のできる人**が求められています。

もちろん、起業をするには独創的なアイデアも必要かもしれませんが、それも自分を取り巻く社会の現状に対して、思い込みのない、客観的な認識ができていなければ、成功はおぼつかないでしょう。

ひとりよがりなこと、論理的に飛躍していること、政治的に過激なことなどは、絶対に書かないようにしてください。

平凡であっても、論理的で妥当な判断、多くの人に納得してもらえる判断のできる人こそ、経済・経営学部にふさわしいはずです。

④データ処理能力が高い

経済に関わる仕事では、多くのデータが必要になります。

まとめ

経済・経営系にふさわしい適性・4つのポイント

①社会に関心がある
②経済動向に関心がある
③妥当な判断ができる
④データ処理能力が高い

そして、それに対して、**スピーディーな判断を下すこと**が求められます。

ひとつの物事にこだわる人や、時間をかけて物事に取り組みたい人は、向いていません。

経済・経営学部の小論文で、多くの資料を読ませて書かせる問題や多設問の問題がよく出題されるのは、そのためです。

時間内に、多くのデータを適切に処理して妥当な判断ができるかどうかが、そこで問われているのです。

4 経済・経営系の小論文によく出る4つのテーマと出題形式

大学入試の小論文には、大学や学部ごとに、よく出題されるテーマや使われやすい出題形式（問題の出し方）があります。

大学や学部によって、求める学生のレベルや適性が異なるので、テーマや出題形式も違ってくるわけです。

経済・経営系の小論文でよく出題されるテーマや出題形式は、大まかには、次の4つのタイプに分けられるでしょう。

①社会問題

テーマとして最も多いのは、現代日本の社会問題に関するものです。

ほとんどの場合、そのテーマに関する長めの文章（課題文）がつきます。

「雇用の問題」「地域経済の問題」「財政の問題」など、直接経済に関わる問題はもちろんですが、それだけではありません。

「グローバル化」「少子高齢化」「女性問題」「格差問題」「教育問題」など、現代社会の抱えるさまざまな問題が問われます。

こうした問題にも、経済の問題が大きく関わっています。

たとえば、「少子高齢化」は、「財政の問題」や「雇用の問題」「高齢者の消費の問題」など、さまざまな問題との関わりで考える必要があります。

こうした問題を出題することで、社会に対する関心があるかどうかを見ようとしているわけです。

これらのほかにも、大学によっては、**「資本主義のあり方」**といったもっと大きなテーマを扱ったり、**ビジネス上の判断を具体的に問うタイプの問題**が出ることもあります。

自分が志望する大学の過去問題をきちんとチェックして、対策を考えておきましょう。

②多設問

出題形式として多いのは、**複数の設問から成る多設問の形式**です。

これも、ほとんどは課題文がつきます。

よく見られるのは、問1が要約問題や説明問題、問2が小論文問題（自分の考えを述べる問題）というパターンです。

問1では、**課題文の内容や筆者の考えをまとめさせたり、傍線部の意味を説明させたり、問題の背景などを説明**させたりします。そして、問2では、**課題文で論じられている内容をもとにして、自分の考えを述べる**ことが求められるわけです。

設問が3つも4つもあるパターンもあります。

その場合は、たいてい、複数の要約・説明問題があって、最後に自分の考えを述べる問題が来ます。複数の設問がすべて要約・説明問題というケースもあります。

経済の問題では、与えられたデータを正しく読み取り、何が問題なのかを正しく理解する必要があります。

また、先ほど述べたように、時間内に物事を適切に処理する力も必要になります。**多設問の出題が多いのは、そうした力を見るため**なのです。

③図表のついた問題

経済・経営学部では、**ほかの学部と比べて、グラフや表などのある問題が多く出題**されます。

図表だけが出されるパターンもあれば、図表と文章（課題文）が組み合わされているパターン、課題文の中に図表が入っているパターンもあります。

先ほども述べたように、経済学ではデータ処理の能力が必要となります。

大量のデータを正しく読み取って、適切に処理することは、経済学の勉強だけでなく、社会に出てビジネスの仕事をするうえでも必須の能力です。

そのために、**経済・経営系の小論文試験では、グラフや図を使った問題が多くなる**わけです。

データを正しく読み取るには、読み取りのコツを知っているだけでなく、データの意味を理解するだけの知識も必要です。

④数学の素養が必要な問題

国立大学の経済学部では、学科によっては、「小論文」と言いながらほとんど数学の記述問題のようなものが出題されることがあります。

数学的な思考力を問う問題です。

こうした問題に対しては、いくら小論文の対策をしても意味がないので、よく過去問をチェックして、しっかりと数学の勉強をしておく必要があります。

また、そこまではいかなくても、図表の読み取りなどに数学的なセンスが必要とされることもあるでしょう。

高度な数学は必要ありませんが、「数字が苦手」「数字が出てくると頭が混乱して訳がわからなくなる」という人は、やはり経済・経営学部には向いていないと言えます。

第3章

課題文のついた問題は、どう書けばいい？

一般の人文系・社会系の入試小論文は、**ある程度の長さの文章（課題文）を読んで、それについて小論文を書くタイプの問題がほとんど**です。

経済・経営系の小論文もそれは同じです（図表がついたり、図表と課題文の組み合わせで出題される問題もよく出題されますが、これについては第5章で説明します）。

このタイプの問題では、たんに、「次の文章を読んで自分の考えを書きなさい」とだけある場合もあれば、「次の文章を読んで、○○について書きなさい」などのように、テーマがはっきり指定されている場合もあります。

このタイプは、課題文を読んで答えるので、文章読解力が必要です。**文章が読み取れていないと、いくら立派な答案を書いても、的外れ**になってしまいます。それでは、問題に対する答えとしては、評価されません。

テーマだけが出題される場合と違って、課題文の内容が手がかりになることが多いので、まったく何も書けないということはないはずです。

どうしようもない場合は、課題文の内容をなぞるだけでも、それなりに文章にはなるからです。とはいえ、もちろん、それでは評価はされません。

学校側が課題文を課す理由は、読解力があるかどうかを見たいからです。そして、**課題**

文を正しく読み取るには、やはり知識が必要です。

とくに経済・経営系の場合、知識がなければ、何が問題になっているかさえわからないこともあるでしょう。

したがって、やはり必要な知識をしっかりと身につけておくことが大切になってきます。

1 4つのステップで課題文を読み取り、問題提起しよう

さて、課題文がついた問題の場合、**まずは課題文を正しく読み取らなければなりません**。

そこで、ここでは、課題文を読み取るためのコツと、それを踏まえて問題提起をするまでのステップについて、簡単に説明しておきます。

①キーワードを探す

キーワードというのは、**その課題文のテーマをズバリ示しているような言葉**のことです。

もっと簡単にいえば、**「その課題文が何について書かれているのか」を示す言葉**です。

ほとんどの場合、何度も繰り返し出てくる言葉や、カギカッコでくくられている言葉、課題文の最初や最後の段落に出てくる言葉が、キーワードになっています。

たとえば、「経済成長」「貨幣」「イノベーション」「インセンティブ」などの経済学用語、「ベーシック・インカム」「ワークライフバランス」「人口減少社会」「グローバル化」「子どもの貧困」など制度や社会の現状を表わす用語などです。

直接経済に関わらない問題では、時事的な用語や政治・経済・思想などの用語がキーワードになっていることが多いです。

ただし、「次の文章を読んで、○○について論じなさい」といった設問の場合は、その○○がそのままキーワードになっていることが多いので、それ以上考える必要はないでしょう。

経済・経営系は、とくにそうした設問になっていることが多いので、**まず設問を確認してキーワードを押さえたうえで、それを踏まえて課題文を読むようにすると効率的**です。

課題文を読み取るステップ

②「何に反対しているか」を考える

どんな文章も、何かを主張しています。

ただし、文章の中には、言いたいことをはっきり書かないで、ほのめかすように書いてあるものもたくさんあります。そのため、ぼんやり読んだだけでは、何が言いたいのかわからない場合も少なくありません。

そんなときは、**「その文章が何に反対しているか」を考える**とわかりやすくなります。

「何かを主張する」ということは、「何かに反対する」ということです。

たとえば、「世の中は○○と言っているが、自分はそれに疑問がある」といった文章の場合、○○という世の中の常識（通説）に反対して、「本当はこう考えるべきだ」と暗に訴えています。

また、「いまはこうなってしまったが、昔はこうだった」という文章であれば、いまの状況に反対することで、「昔の状況を取り戻すべきだ」と言いたいわけです。

このように、**主張のわかりにくい文章は、まず「何に反対している」かを考えるのが早道**です。

③筆者の言いたいことをまとめる

以上のように、課題文が何に反対しているかがわかれば、自然にその文章の言いたいこと、主張したいこともわかるはずです。

つまり、**Aという常識に反対している文章は、「本当はAではなくてBが正しい」**と言いたいわけです。

たとえば、「長時間労働をするのが当たり前になっている現状」に反対している文章であれば、「長時間労働をもっと厳しく禁止するべきだ」と主張していると考えていいでしょう。

また、「現代人は効率優先で、物質的な豊かさのことしか考えていない」ことに反対している文章は、「現代人は効率優先で物質的な豊かさのことしか考えていないわけではない」と言いたいはずです。

このように、**何に反対しているかがわかれば、その文章の主張・論旨も明確**になります。

④問題提起を考える

さて、課題文が読み取れたら、次に問題提起を考えます。

小論文を書くために課題文を読み取るのですから、ここまでが一連のステップになります。

いちばんオーソドックスな形は、**筆者の言いたいことが正しいかどうか、好ましいかどうか、課題文で示されている出来事がよいことなのかどうかを問題提起するパターン**です。

「文章を読んで、〇〇について、あなたの意見を書きなさい」といった条件のある課題が出されることがあります。

そのような場合には、「〇〇」についてその課題文が主張していることが正しいかどうかなどについ

まとめ

課題文を読み取るための4つのステップ

①キーワードを探す

②「何に反対しているか」を考える

③筆者の言いたいことをまとめる

④問題提起を考える

て問題提起すればいいのです。

実際に書く場合は、**第1部で、まず課題文の内容を簡単にまとめるのが原則**です。

そして、**その課題文の語っていることから、問題提起を導き出します**。

そうすることで、**課題文をきちんと理解したうえで、しっかりと問題点を考えようとしていることを示す**ことができます。

例題1

次の文章を読んで、あとの設問に答えよ。

国は何をすべきなのだろう？

今日のグローバル資本主義下では、この問いに対する答えは、自国の産業を「創造的破壊」し、代わりに貧しい国々からモノやサービスを調達し、自国では「イノベーション」を駆使して新しい産業を興す、というものだ。たとえば、ソフトバンクのＣＥＯ・孫正義は、日本は「ものづくり」などということは忘れ、製造業は中国や台湾に任せて、自らは、ＩＴやマーケティングに集中すべきだと説いている。

ＩＴに専念しろと言うが、では、台湾や中国などの国々がＩＴやマーケティングに乗り出して来たら、どうすれば良いのだ？　近代資本主義が下す答えは「急いで次を見つけろ」だ。そして、そのいたちごっこは永遠に続いていく。「ニューヨーク・タイムズ」でジャーナリストのトーマス・フリードマンが、いみじくも、とても怖いことを発言している。

「たとえばあなたが今日、何かの仕事に応募するとします。雇い主はあなたを見て、間違いなくこう考えているでしょう。この人は、インドの労働者より、ロボットより、コンピュータよりも、常にわが社に『価値』を与えてくれるだろうか？　この人は、今日の仕事をこなすだけではなく、将来の仕事にも対応していけるだろうか？　この人はこれから起こる変化についていけるだろうか？　そして、猛烈に成長しているグローバル市場への輸出を増やしていけるだろうか？　世界のすべてがつながっているいま、ますます多くの企業が、これらの要求を満たせない人材を雇わないようになっています」

　ルイス・キャロルの「鏡の国のアリス」という物語を知っているだろうか。この物語のなかで、ある日アリスは「赤の女王」と出会う。赤の女王が支配する国では、同じ場所にとどまるために、全力で走り続けなければならない。多くの経済学者が、これこそ未来の世界を言い当てた言葉だと信じている。ここ数年、イノベーションに関する研究で、「赤の女王」はとてもポピュラーな比喩表現になっている。でも、労働者はどんどん減っているというのに、現状を保つためだけに走り続けなければならないなんて、そんな未来、いったいこの国の誰が本気で欲するだろう？

（中略）

人間の消費に対する執着や、無限の富を追い求める強欲さは、何も新古典主義によって作られたわけではない。新古典主義はただ、それらを褒《ほ》め称えただけだ。そして、ケインズ主義や冷戦などの古い考え方が崩れていったのと同時に、この「執着」が経済成長を導く新しい概念として普及していった。だから、１９８０年代以降、ＧＤＰの成長と一緒に格差が広がっていったのも、不思議ではない。

百歩譲っても、「持続可能な開発」や「グリーン・キャピタリズム」を使って無限に成長できるというのは、絶対にたどり着くことのできない「ユートピア（理想郷）」だ。現在のネオリベラル資本主義を基盤とする経済成長は、ほんの少数の超富裕層以外にとっては、むしろ「ディストピア（暗黒郷、反理想郷）」であり、悲劇でもある。

我々の社会が、もっとバランスの取れた生き方を取り戻すことは、不可能なのか？東日本大震災から数週間たつや、経済学者たちは何十年も繰り返してきたお経のようなセリフを、またぞろ唱え始めた。日本には「生産性の向上」が必要だ、もっと「イノベーション」が必要だ、もっと「貿易の自由化が必要だ」、と。

だが、忘れてはならない。もともと高台だった福島第一原発の建設用地を、「生産性」向上のため東京電力が25メートルも掘り崩してから40年後、原子力発電所を大津波が襲ったことを。

明治時代と昭和時代の津波被害を忘れるな、ここより海抜の低い土地には住むな、と先人が戒《いまし》めた記念碑よりも、巨大な防波堤を信じた人々が何千人もいた。それは、技術と「イノベーション」に対する心からの信頼でもあったのではないか。

ＷＴＯの指導のもと、また各種の自由貿易協定のもとで、日本が「開国」しつつある。それにもかかわらず、大半の日本人はどんどん貧しくなっている。そんなことをするよりも、もしいま再び、節度や、倫理や、社会や、価値などについての考え方を、経済生活に取り戻すことができたら、私たちの生活をより良い方向へ変えることができるのではないだろうか？

（アンドリュー・J・サター著、中村起子訳『経済成長神話の終わり』による・一部改変）

本文で述べられている筆者の経済成長に対する考え方に対して、あなた自身はどのように考えるか、根拠を提示して600字程度で述べよ。ただし、どのような立場をとるかは採点に影響しない。

（福井県立大学・経済学部、2019年度　設問一部改変）

解説

課題文の読み取り

この問題の場合、キーワードは設問文の中ですでに示されています。

つまり、**「経済成長」**です。

「本文で述べられている筆者の経済成長に対する考え方」についての考えが求められているので、**まずは筆者が「経済成長」についてどう考えているかを読み取る**必要があります。

課題文はかなり抽象的でわかりにくい文章ですが、シンプルに、**「筆者が何に反対しているか」を考えてみましょう**。

すると、筆者は、**経済成長をすべてに優先させる現在の資本主義の考え方に反対している**ことがわかるでしょう。

そのうえで、**「もっとバランスの取れた生き方」「節度や、倫理や、社会や、価値などについての考え方を、経済生活に取り戻すこと」が必要ではないか**、と問いかけています。

要するに、**経済優先の考え方を改め、もっと人間性や精神的な価値を重視する生き方を取り戻すべきだ**、と筆者は言いたいわけです。

そうした筆者の主張を踏まえて、**「このまま経済成長を重視するべきかどうか」を問題提起すれば、設問に答えたことになる**はずです。

課題の解説

「経済成長が必要かどうか」という問題は、いまの日本でもしばしば議論の的になっています。

資本主義社会では、企業が利潤を求めて競争し、生産性を上げ、その結果国全体が経済成長をすることで、国民が豊かになると信じてきました。

しかし、逆にそうした考えが、現代社会におけるさまざまな問題をもたらしているのではないか、という議論です。

課題文に賛成する場合は、そうした経済優先の考え方がもたらす問題点を具体的に示すといいでしょう。

筆者がフリードマンの発言を引用して示唆しているのは、「先進国の労働者は、人件費の安いインドの労働者や、人間よりも情報処理能力のはるかに高いＡＩなどには勝てず、職を失う」ということです。

つまり、**グローバル化やデジタル化の進む現在の世界では、いくら経済成長を追求しても、豊かになるのはごく一部の超富裕層だけで、多くの人は職を失ってどんどん貧しくなると考えられる**わけです。

もちろん、それだけでなく、

「経済成長を追求すると、資源やエネルギーを浪費するので、地球温暖化などの環境破壊をもたらす」

「効率重視の考え方につながるので、人間からゆとりある生活や豊かな人間関係を奪ってしまう」

などの論点も考えられます。

一方、**課題文に反対、つまり「やはり経済成長を重視すべき」という立場で書くとすれば、経済優先の価値観に従って成長をめざすことの意義やプラス面をしっかりと論じる**必要があります。

少子高齢化が進めば、生産する人も消費する人も減るので、放っておくと経済はどんどん縮小していきます。

そうなると、限られた富を奪い合う弱肉強食の世界に後戻りする恐れがあります。

ただでさえ、高齢者をどう支えていくかが、今後の社会では深刻な問題となっていくでしょう。

皆がゆとりをもって人間的に暮らせる社会にするには、経済を軽視するのではなく、ある程度の経済成長を維持する必要があるとも考えられます。

そうしたことをしっかりと説明できれば、十分説得力のある答案になるはずです。

構成メモの例

A　課題文に「賛成」の立場

1　このまま経済成長を重視するべきだろうか。

2　確かに、経済成長を放棄すれば、限られた富を奪い合う弱肉強食の社会になるという見方もある。しかし、私は、経済成長を重視するのをやめるべきだと考える。

3　グローバル化やデジタル化の進む現在の社会では、効率重視やコスト削減のために企業は生産拠点の移転やオートメーション化を進めることになる。そうなると、富は一部の人に偏るだけで、多くの人が職を失い、貧しい人が増えていくだろう。経済成長の追求は、貧富の格差を広げるだけになる恐れがある。

　または、

3　経済成長を追求するためには、モノを大量生産・大量消費する必要がある。そうなると、資源やエネルギーの浪費につながり、地球温暖化などの環境破壊がさらに深刻になる恐れがある。

　または、

3　経済を優先する価値観のもとでは、いかに効率的に生産できるかで物事が判断される。そのため、人々はゆとりある生活を失い、時間に追われて人間性を失ってしまった。豊かさの意味が問い直されている現在、ゆとりある人間らしい生活を取り戻すべきだ。

4　以上のように、私は経済成長を重視する考え方を改めるべきだと考える。

B　課題文に「反対」の立場

1　このまま経済成長を重視するべきだろうか。

2　確かに、経済成長の追求は効率優先の考えにつながるので、貧富の拡大につながる恐れもあるかもしれない。しかし、だからといって、経済の大切さを否定することはできない。

3　少子高齢化が進めば、生産する人も消費する人も減るので、放っておくと経済はどんどん縮小していく。そうなると、限られた富を奪い合う弱肉強食の世界に後戻りする恐れがある。社会全体がある程度経済的に豊かでなければ、格差もなくならず、すべての国民が平等に一定以上の生活を享受することもできないはずだ。

または、

3　少子高齢化が進む現在、高齢者をいかに支えていくかが、深刻な問題となっている。現役世代の負担を減らし、高齢者も含めてゆとりをもって暮らせる社会にするためには、経済を軽視するのではなく、ある程度の経済成長を維持する必要がある。

4　以上のように、経済成長を重視する考え方を改める必要はない。

解答例

課題文は、経済成長を優先する考え方を批判し、もっと人間性や精神的な価値を重視する生き方を取り戻すべきだ、と主張している。はたして、このまま経済成長を重視するべきだろうか。

確かに、経済の問題を軽視することはできない。少子高齢化が進めば、生産する人も消費する人も減るので、放っておくと、経済はどんどん縮小していく。そうなると、限られた富を奪い合う弱肉強食の世界に後戻りする恐れがある。そのため、経済的な安定を維持することは必要だろう。しかし、これからは、もはや経済成長を第一に考えるべきではない。

グローバル化が進んで経済の動きが国境を越えるようになると、コストの安い途上国に工場などを移す企業が増え、先進国の労働者は雇用を失う。また、今後ＡＩが進化してオートメーション化が進めば、人間の仕事の半分がＡＩに奪われるという予測もある。このように、グローバル化やデジタル化の進む現在の世界では、いくら経済成長を追求しても、豊かになるのはごく一部の超富裕層だけで、多くの人が職を失う恐れがある。つまり、経済成長の追求は、結果的に貧富の格差の拡大にしかつながらないと考えられるのだ。

以上のように、私も経済成長を重視する考え方を改めるべきだと考える。

2

イエス・ノーにしにくい問題の書き方①
「○○はどうあるべきか」と問われた問題への対処法

入試小論文には、イエス・ノーの問題提起をしにくいタイプの問題もよく出されます。

とくに経済・経営系では、そうしたタイプがしばしば出題されます。

そこで、そうしたタイプへの対処法も頭に入れておく必要があります。

このタイプで**最も多いのが、社会問題などに対する対策や改善策などの提案を求める問題**です。それについては、次の第4章でくわしく説明しましょう。

ここでは、それ以外のタイプの問題について、まとめて説明しておきます。

経済・経営系の入試小論文では、**「○○はどうあるべきか」**という問い方をすることがよくあります。

「○○のあり方について論じなさい」という問題も、同じパターンです。

このタイプは、**「○○」が課題文のキーワードであることがほとんど**です。

したがって、**まず課題文のキーワードを捉え、筆者がそれについてどう考えているかを読み取る**必要があります。

そのうえで、**「課題文の筆者は○○についてこうあるべきだと主張しているが、それは正しいか」などのように問題提起すると、うまく設問に答えたことになります**。

また、筆者が「○○のあるべき姿」について明確な主張をしておらず、たんに現状や問題点の説明をしているだけということもあります。

その場合は、イエス・ノーの形にはしにくいので、**「私は○○はこうあるべきだと考える」などのように、問題提起の代わりにズバリと結論を示す**といいでしょう。

字数が少ない場合は「A型」を使って、第2部でその根拠をくわしく説明しましょう。

字数が多い場合は、「四部構成」を使って、第2部では、

「確かに、それにはこういう問題点もあるかもしれない。しかし、……」

「確かに、ほかの考え方もあるかもしれない。しかし、……」

などのように、自分の考えの限界や問題点、またはほかの考えの存在などに触れましょう。

そして、第3部で、自分の考えについて、なぜそう言えるのかを具体的に説明するとい

いはずです。

実際の出題例

・あなたが考える望ましいコミュニケーションとはなにか。

（福島大学・人文社会学群、２０１９年度）

・本文において、若者が働くことをめぐる昨今の状況はどのようになっていると指摘されているか、またそれらを踏まえて、あなたは若者にとってのこれからの働き方はどうあるべきと考えるか。

（愛媛大学・社会共創学部、２０１９年度）

・本文の内容を踏まえたうえで、地域の課題解決に携わる専門家のあり方について、あなたの考えを述べなさい。

（高知大学・地域協働学部、２０１８年度）

例題2

以下の資料は、宮本太郎『共生保障〈支え合い〉の戦略』（岩波書店、２０１７年）からの抜粋である。これを読んで、次の設問に答えなさい。

あなたの暮らしてきた地域において「支える側」に見える人たちと「支えられる側」に見える人たちとはどのような人たちか。その姿を念頭に置いたとき、あなたの考える「共生保障」はいかにあるべきか、６００字以内で述べなさい。

旧来の日本型生活保障において「支える側」とされてきた現役世代の多くが、複合的な困難を抱え、経済的に弱体化している。それでは困難を抱えた人は皆、「支えられる側」の制度に依拠すればよいのかといえば、それもまた難しい。高齢者、障害者、困窮者という属性ごとに対象を絞り込み、所定の給付をおこなうことを主な目的とした縦割りの制度は、人々をアクティブにできない。

「支える側」の雇用の制度と、「支えられる側」を絞り込む社会保障・福祉の制度が二元化したままでは、人々は、正規雇用のなかでストレスの多い長時間労働に耐えるか、縦割りの社会保障・福祉の制度に囲い込まれてしまうか、あるいは双方の制度の「間」にはまり込むか、いずれかとなってしまう。とくに、制度の「間」で対応されない困難が急増している。

現役世代の困窮化と高齢化が同時進行するなか、「支える側」と「支えられる側」の従来の役割分担で考える限り、地域社会は持続困難になりつつある。しかし、「支え合い」を支えることに公的な制度の課題を定めていくならば、新たな展望も開ける。本書がいう共生保障とは、そのような時代の、新しい生活保障のかたちである。

生活保障とひと口にいっても、年金、医療など含めて制度は幅広い。本書でいう共生保障とは、そのすべてに関わるものではない。それでは共生保障とは、いかなる制度や政策を指すのか。

第一にそれは、「支える側」を支え直す制度や政策を指す。これまで男性稼ぎ主を中心とした「支える側」は、支援を受ける必要のない自立した存在とされてきたが、「支える側」と目される多くの人々は経済的に弱体化し孤立化し、力を発揮できなくなっている。

第二に、「支えられる側」に括《くく》られてきた人々の参加機会を広げ、社会につなげる制度と政策である。そのためにも、人々の就労や地域社会への参加を妨げてきた複合的困難を解決できる包括的サービスの実現が目指される。

　第三に、就労や居住に関して、より多様な人々が参入できる新しい共生の場をつくりだす施策である。(1)所得保障については、限定された働き方でもその勤労所得を補完したり、家賃や子育てコストの一部を給付する補完型所得保障を広げる。

　共生保障とはそれ自体は新しい言葉であるが、その内容は、政府の社会保障改革や地域における実際の取り組みをふまえたものである。すなわち、一方においてこの考え方は、１９８０年代から日本で重ねられてきた社会保障改革の理念と重なっている。「支えられる側」を選び出して社会保障の対象とする(2)選別主義からの脱却を掲げた(3)普遍主義的改革は、さらに「全世代対応の社会保障」を目指した「社会保障と税の一体改革」へと展開していった。しかしながら、こうした社会保障改革には多くの問題点や限界があることも明らかである。共生保障はそれをどう超えようとするのか。

（中略）

　共生保障は、これまで「支える側」であった現役世代を広く支え直し、彼ら彼女らがその力を発揮できる条件づくりを目指す。具体的にいえば、企業の外部でも知識や技能を身につけることができるリカレント教育や職業訓練、女性の社会参加を支える子育て支援、あるいは将来の支え手を育てる就学前教育などである。

このことは、旧来の雇用の場や働き方そのものの転換と連動する必要がある。すなわち、これまでであれば外部に追いやられていた人々も働き続けることができるように、仕事の内容や労働時間を調整していくことを含む。

「支える側」を支えるというと、違和感をもつ向きもあるかもしれない。だが、これまで述べてきたように、日本型生活保障において「支える側」の中心であった男性稼ぎ主も実は支えられていた。大企業の長期的雇用慣行や業界保護の仕組みなどが、彼らが力を発揮し続ける条件であった。

ただし旧来の仕組みは、企業の雇用慣行など非制度的でインフォーマルな部分が大きかった。あるいは、業界保護や公共事業など行政や政治の裁量に依《よ》っていた。またそのことと関連して、支える対象が主として男性稼ぎ主で、彼らが家族を扶養することを前提とするなど、ジェンダーバイアスの強い仕組みであった。

共生保障は、子育て支援、職業訓練、将来世代への社会的投資としての就学前教育などで「支える側」を支え直す。これは、非制度的、インフォーマル、裁量的でジェンダーバイアスのある生活保障を、制度的、フォーマル、非裁量的でジェンダーバイアスのない仕組みに置き換えていくことを意味する。

もう一方では、「支えられる側」とされがちであった人々が積極的に社会とつながることを支援することである。旧来の縦割りの社会保障・福祉の相互連携を強め、人々の社会参加を阻害する複合的な問題に包括的に対処していくことである。こちらは、社会保障・福祉の目標として社会参加を重視しつつ、その支援対象を広げていく転換といってよいであろう。

高齢者、障害者、困窮者等に対して、これまでも「自立支援」を謳《うた》った改革が重ねられてきた。２０００年に施行された介護保険制度、２００６年の障害者自立支援法から２０１３年の障害者総合支援法への流れ、２０１５年に施行された生活困窮者自立支援法などの展開である。これらの施策は、高齢者の生活能力を引き出すケアをおこなったり、障害者や困窮者の就労を支援するなどして、その「自立支援」をすすめてきた。

「支えられる側」に参加機会を提供するという方向は、こうした流れと重なるところがあるが、これまでの施策をそのまま踏襲するものではない。一連の「自立支援」

施策が、掲げられた理念を達成できないでいる制度的な障害、すなわち[4]サービス供給の縦割り、支援期間中の所得保障の欠落、あるいはサービスの自己負担の大きさなどを是正することを重視する。また、より多くの人々が参加できる間口の広い雇用の場や居住のかたちを構築していくことを課題とする。

「支える側」を支え直し、「支えられる側」に参加機会を提供することは、要するに、より多くの人々が支え合いの場に参入することの支援をする、ということである。

ここで支え合いの場とは、地域の居住の場、コミュニティから就労の場まで、人々が直接、間接に相互の必要を満たし合う場を指す。居住を中心としたコミュニティについては次章で取り上げるとして、ここでは就労の場を中心に考えたい。これまで「支える側」が力を発揮する場とされてきたのは、あるいは、旧来の「自立支援」施策が人々をつなげようとしてきたのは、通常の雇用関係による一般的就労であった。

だが今日、雇用の現場はグローバルな競争への対応という掛け声のもと、これまで以上に長時間労働や過酷な労働条件がまかり通るようになっている。従来の日本的経営で男性稼ぎ主が「24時間闘える」ような働き方ができたのは、彼ら自身が、会社や業界、専業主婦の妻などに支えられていたからであった。旧来の支えを失った彼らを、あるいはこれまで「支えられる側」にいた人々を、そのような職場に投入していくことには無理がある。

共生保障において重要なのは、こうした一般的就労の場の労働時間規制や勤務間インターバルの保障（労働時間をめぐって一定の休息時間の確保を義務化すること）などを強め、正規社員と非正規社員の間での均衡処遇を実現するだけでなく、より多様な条件の人々が働き続けることができる雇用機会を創出していくことである。以下ではこうした雇用機会について、地域で開始されている「ユニバーサル就労」や「支援付き就労」という取り組みから考えていく。さらに新しい居住の場や共生型の福祉の場に関しても、地域の経験を集約していく。

以上のような共生保障の内容は、各国に共通する改革動向とも重なる。

まず、「支える側」を支え直すというのは、ヨーロッパの社会保障改革において社会的投資（ソーシャル・インベストメント）と呼ばれてきた考え方に近い。社会的投資とは、現役世代の就労を難しくしている知識や技能の欠落、介護や育児の負担に対処し、保育をとおして子どもたちの基本的能力を育成することを含めて、社会保障・福祉に人的資本に対する投資的効果を併せ持たせることである。

他方で「支えられる側」の参加機会を広げる、というのは、社会的包摂（ソーシャル・インクルージョン）と呼ばれてきた考え方に連なる。ヨーロッパでも、公的扶助（生活保護）を受けている人々や、そのような扶助も得られずに排除されたままである人々、さらには高齢や障害などの理由で社会から切り離された人々を、社会につなげることが目指されてきた。

だが、ヨーロッパの社会的投資論からも社会的包摂をめぐる議論からも、既存の労働市場や雇用のかたちをそのままにして支援をすすめても、期待された社会のかたちは実現しないという指摘が広がっている。

イギリスの政治学者C・クラウチは、社会的投資という考え方を支持する立場からであるが、イギリス労働党の「第三の道」政策のなかで唱えられていた社会的投資論は、経済や雇用についてのあまりに楽観的な見方を伴っていたと指摘する。グローバルな市場が広がるなかで、先進国では生産性が高く処遇がよい仕事が増大すると仮定した上で、そこで人々が活躍できるように教育訓練をおこない、保育・介護サービスで働く障害を除去すれば、万事うまくいくとする考え方であった。

しかし実際には、増大している雇用機会は、生産性の低いサービス部門などが中心である。雇用の不安定化のなかで、これまで以上に労働者を直接に支援しその権利を擁護する施策の重要性が増している。クラウチは、こうした権利擁護型の施策とも連携し雇用の質を確保していく社会的投資を社会的投資マークⅡと呼ぶ。

社会的包摂についても同様の視点からの見直しが求められている。アメリカの犯罪社会学者Ｊ・ヤングは、社会が排除的であるままで社会的包摂を繰り返しても、結局は排除をすすめてしまうとして、このような社会を摂食障害になぞらえて「過食症社会」と呼んだ。

多様な人々が働くことができる雇用の場を確保・創出することなく、社会的包摂をすすめても、排除のための包摂という病理を広げてしまうのである。家族生活との両立が困難な働き方が求められ、苦しさを吐露すれば退職勧奨されてしまうような職場に「包摂」するというのは、たしかにヤングが指摘するように排除のための包摂といわざるを得ない。

共生保障の考え方は、ヨーロッパにおけるこうした旧来の社会的投資論、社会的包摂論への反省やそれらの発展型と重なっているといってよい。
（出題にあたっては、小見出し等を省略し、一部漢数字を算用数字に改めた。）

【注】

（1）所得保障：失業、老齢、困窮、そのほかのニーズのある世帯や個人に対して政府が現金を給付すること。

（2）選別主義：社会保障や福祉を、特定の社会的弱者に限定して提供しようとする考え方。

（3）普遍主義：社会保障や福祉へのニーズが社会全体にひろがっているという見方から、すべての人々をサービスの対象にしようとする考え方。

（4）サービス供給の縦割り：ここでは、福祉サービスが官庁や部署の担当に応じて、高齢者、困窮者、障害者、子どもといった対象の属性ごとに区分されていること。

（福島大学・人文社会学群・経済経営学類、２０１８年度　設問一部改変）

解説

課題文の読み取り

キーワードは「共生保障」。筆者の造語ですが、課題文を読めば意味はわかるでしょう。

簡単にいえば、**従来の社会保障のように「支える側」（働いて社会保障費を払っている側。正社員を中心とした労働者とその家族）と「支えられる側」（社会保障を受け取っている側。高齢者、障がいのある人、困窮者など）を分けて考えるのではなく、両者がお互いに支え合うことで成り立つ社会保障の仕組み**のことです。

いまの日本は、高齢化や格差の拡大のために経済的に苦しい人が増え、これまで社会保障を「支える側」だった人たちが十分に支えることができなくなってきています。だからといって彼らが従来の「支えられる側」に回ることも、制度的に難しいのが現状です。**このままでは、両者が共倒れになって、社会が成り立たなくなってしまいます**。

そのため、これまで「支える側」だった人たちを支え直す、つまり**現役世代がもっ**

と働きやすくなり、安定した収入を得られるような環境をつくる必要があります。

その一方で、「支えられる側」だった高齢者や障がいをもった人がもっと社会参加をして自立できるように支援を広げることも必要でしょう。

そして、そのためには、従来の男性正社員中心の雇用形態や働き方を見直し、女性や高齢者、障がいをもった人など、多様な人々が、それぞれの状況に応じて働けるようにすることが必要になります。

課題文が述べているのは、簡単にまとめると、以上のようなことです。

課題の解説

設問では、自分の考える「共生保障」のあり方を論じることが求められています。

漠然とした問いですが、「あなたの暮らしてきた地域において……」という部分を踏まえて考えると、筆者の言う「支え合い」を実現するための具体的なビジョンを自分なりに考えることが求められていることがわかるでしょう。

ちなみに、「あなたの暮らしてきた地域において……」という部分については、それほど気にする必要はありません。

前者は働いて税金などを払っている経済的に自立した人たち（とその家庭）、後者は年金で生活している高齢者や生活保護を受けている貧困家庭などを思い浮かべれば十分です。

手がかりとしては、**まず「支える側」と「支えられる側」のどちらに視点を置くか、考えてみる**といいでしょう。

「支える側」に視点を置くと、まず、フルタイムで働いても安定した生活ができないワーキングプアのような人たちでも支援が受けられるような体制づくりなどが考えられます。

また、従来の男性正社員を中心とする雇用のあり方を改め、女性や高齢者、障がいをもった人たちも、各々の事情に応じて働けるような仕組みを考える必要があります。

個々の労働者に合わせて作業を細分化したり、労働条件を調整したりすることが簡単にできるようになれば、これまでなかなか働けなかった人たちも働けるようになります。

「支えられる側」の視点からだと、たとえば高齢者や障がいをもった人など支援を

必要とする者同士が支え合う仕組みなどが考えられます。

比較的元気な高齢者が障がいをもった子どもの世話をしたり、軽度の知的障がいをもった人が高齢者の介護を担う、といったケースです。そうした支え合いの仕事を報酬の対象にできれば、高齢者や障がいをもった人たちの経済的自立にもつながります。

ほかにも、自分なりにアイデアを考えてみるといいでしょう。

構成メモの例

A「高齢者や障がいをもった人たちも働きやすい環境づくりをする」という意見

1 私は、従来の正社員中心の雇用のあり方を改め、高齢者や障がいをもった人など、もっと多様な人たちが働けるような仕組みをつくる必要があると考える。

2 確かに、そうしたやり方だと、仕事の効率やコストの面で問題が生じる場合もあるかもしれない。しかし、「共生保障」を実現するには、できるだけ多くの人が働ける環境を整えるべきだ。

3 従来の男性正社員を中心とした雇用形態のままだと、高齢者や障がいをもった人は仕事に就くことができない。だが、一人ひとりの能力や障がいの程度に応じた働き方ができれば、そうした人たちも十分経済的に自立できるようになる。そのためにも、個々の労働者に合わせて作業を細分化したり、労働条件を調整したりできるようにすべきだ。

4　したがって、私は、高齢者や障がいをもった人なども働きやすい環境づくりが必要だと考える。

B　「高齢者や障がいをもった人の支え合いが経済的自立につながる仕組みをつくる」という意見

1　私は、高齢者や障がいをもった人など支援を必要とする者同士が支え合い、それが経済的自立につながるような仕組みをつくる必要があると考える。

2　確かに、すべての高齢者や障がいをもった人が支える側に回ることはできないので、こうしたやり方には限界もあるだろう。しかし、それでも、そうした試みは必要だ。

3　年金生活をしている高齢者でも、元気な人には障がいをもった子どもの世話を担ってもらうこともできる。また、障がいをもっていても軽度であれば、寝たきりの高齢者の介護などを担うことが十分可能だ。そうした支え合いの役割を、たんなるボランティアではなく、報酬の出る仕事にする仕組みができれば、高齢者や障がいをもった人の経済的自立にもつながるはずだ。

4　したがって、私は、高齢者や障がいをもった人の支え合いを経済的自立につなげる仕組みをつくるべきだと考える。

解答例

課題文の言う「共生保障」を実現するためには、私は従来の正社員中心の雇用のあり方を改め、高齢者や障がいをもった人など、もっと多様な人たちが働けるような仕組みをつくる必要があると考える。

確かに、高齢者や障がいをもった人たちが職場の一員になると、仕事がスムーズにいかなくなる場合もあるかもしれない。能力や仕事のスピードなどにバラツキがあるので、組織としての仕事の効率が落ちることもあるだろう。しかし、「共生保障」を実現するには、できるだけ多くの人が働ける環境を整えるべきだ。

従来の男性正社員を中心とした雇用形態は、基本的にはすべての労働者に同じような働き方を強要するものだった。一人ひとりの事情などは、原則として考慮されなかった。そうなると、高齢者や障がいをもった人は健常者と同じように働くことは難しいので、仕事に就くこと自体が難しくなる。だが、一人ひとりの能力や障がいの程度に応じた働き方が認められるようになれば、そうした人たちも十分に与えられた役割を果たすことができるはずだ。そうなると、高齢者や障がいをもった人も、社会の一員として、支えられるだけでなく支えることができるようになるだろう。そのためにも、個々の労働者に合わせて作業を細分化したり、労働条件を調整したりできるようにするべきだ。

したがって、私は、「共生保障」の実現のためには、高齢者や障がいをもった人たちも働きやすい環境づくりが必要だと考える。

3

イエス・ノーにしにくい問題の書き方②
「○○はこれからどうなると考えられるか」「○○は××に対してどんな影響を与えるか」と問われた問題への対処法

これから先の予想や影響などについて考えさせるタイプの問題です。

課題文の中で、**「これからこうなると考えられる」「このような影響が予想される」といったことが書かれている場合は、そうした考えや予想が正しいかどうかを問題提起すればいい**はずです。

ただし、課題文にそうした踏み込んだ記述がなく、たんに○○の現状などについて説明しているだけの場合もあります。

その場合は、**課題文の内容を踏まえたうえで、「私は○○はこれからこうなると考える」というように、やはり結論から始める形にする**といいでしょう。

このタイプのバリエーションとして、「これからどんな問題（変化）が生じ、それに対してどんな対策をするべきか」など、今後の予想とそれへの対策の両方が問われるパターンもあります。このパターンについては、次の第4章で、まとめて説明しましょう。

実際の出題例

・貨幣が生まれたことで、人間に特有の欲望はどのように変化し、それが経済活動にどのような影響を与えたと考えられますか。

（首都大学東京［現東京都立大学］・経済経営学部、２０１９年度）

・経済的インセンティブ、社会的インセンティブ、道徳的インセンティブが、実社会の人々にどのような影響を与えるか、文中の事例以外の具体例を挙げ、あなたの考えを記述しなさい。

（広島大学・経済学部、２０１９年度）

4 イエス・ノーにしにくい問題の書き方③

「○○の課題(問題点)を述べよ」と問われた問題への対処法

このような問いもときどき出されますが、これはほとんどの場合、**少ない字数での説明問題**になります。したがって、第6章の「多設問問題」の部分で説明することにしましょう。

また、**対策や解決策を一緒に答えることが求められる場合も多い**です。

「○○の課題を述べ、それを解決するための対策を論じなさい」などのような形です。

このパターンは、前述の「これからどんな問題（変化）が生じ、それに対してどんな対策をするべきか」というパターンとよく似ています。

そこで、これについても、次の第4章でまとめて説明することにします。

5 英文の課題文が出題されたら、どう書けばいい？

経済・経営系では、英文の課題文が出題されることがあります。

最先端の経済の動きを知るためには、英語で書かれた記事などを正確に読めることが必要です。そのため、**英文の読解力を見るために英文の課題文を出す**わけです。

とはいっても、課題文が英文だからといって、特別な小論文対策が必要なわけではありません。**基本的には、日本語の課題文を読み取るのと考え方は同じ**です。

経済・経営系の場合、ほとんどは英語が入試科目に入っているはずなので、英語の勉強をしっかりとすればいいはずです。

ただ、**おもな経済学・経営学の用語を英語で覚えておくことは大切**です。

難しい専門用語には、注釈がついて、意味の簡単な説明がつくのがふつうですが、有名な経済用語の場合はつかないこともあるでしょう。

ふつうに学校英語の勉強をしていても、経済用語などは出てきません。

「経済用語がわからないために、課題文の内容がよくわからなかった」といったことにならないように、よく調べて覚えておきましょう。

第4章

対策を考える問題は、どう書けばいい？

社会問題などを示し、それに対する対策や改善策の提案を求める小論文問題が増えています。

とくに、経済・経営系の場合は、**現在の日本で実際に問題となっている事柄について、対策や政策などを考えさせる問題が多く出ます**。

対策を考えるためには、問題の背景や、これまで議論されてきたことなどについての知識がなければなりません。

したがって、このタイプの問題を出すことで、**社会問題についてどこまで現実の課題として理解できているかを見ようとしている**わけです。

この章では、そうしたタイプの問題への対応の仕方をまとめて説明しましょう。

1 「対策を示しなさい」「改善策を示しなさい」というタイプの問題への対処法

このタイプの問題では、課題文が何らかの具体的な対策を提案していれば、その対策が好ましいかどうかを問題提起することができます。

しかし、多くの場合、課題文は対策を考えるヒントを示しているだけで、明確な主張はしていません。

そこで、そうした場合は、**イエスかノーかの問題提起をする代わりに、「私は、……という対策をとるべきだと考える」というように、第1部で結論をズバリと示してしまいます。そのうえで、第2部以降にそれを検証する形**をとります。

このタイプの問題の書き方をまとめると、次のようになります。

第1部

与えられた問題に対して、自分の考える対策や改善策をズバリと示します。

「私は、……という対策をとるべきだと考える」というように書きます。

課題文が何らかの対策を提案している場合は、**「課題文は〇〇という対策を提案しているが、その対策は好ましいだろうか」**などと問題提起ができます。

第2部

「確かに……。しかし……」という構文を使って、予想される反対意見を示します。

この場合、第2部の書き方には、次の2つのパターンがあります。

①「確かに、私の考える対策には問題点がある。しかし……」

自分の対策の問題点や限界などをあらかじめ示しておくわけです。こうすることで、反論を封じることができます。

たとえば、

「確かに、この対策には多くのコストがかかるかもしれない。しかし、それ以上の効果があるはずだ」

「確かに、この対策には限られた効果しかないかもしれない。しかし、確実な効果が期

待できる」

「確かに、この対策が効果を表わすには時間がかかるかもしれない。しかし、根本的な解決にはこの対策しかない」

などの書き方ができるでしょう。

もちろん、自分の対策の根本的な否定につながるような、致命的な問題点は書かないように気をつけましょう。

②「確かに、これ以外にも対策がある。しかし……」

ほかにも対策があることを示したうえで、それよりも自分の対策のほうが効果があることを論じる書き方です。

「確かに、これ以外にもいくつか対策が考えられる。たとえば、……。しかし、それらよりも、この対策のほうが効果的だ」

などのように書きます。

いい対策をいくつか思いついた場合、最も効果がありそうな対策を選んで、それ以外のものを「確かに……」の部分に書くといいでしょう。

第3部

自分の対策の意義やメリットなどを説明する部分です。

自分の対策にどのようなメリットがあるか、それがどれほど効果的か、などをできるだけ具体的に説明します。

ここでも、問題のタイプに応じて、いくつかの書き方が考えられます。

①現実の問題の解決が求められている場合

経済・経営系では、ほとんどの場合、少子化対策や人手不足対策、女性が社会で活躍するための対策など、**実際の社会の課題を解決する対策が問われます**。

その場合は、

「なぜ少子化が進んでいるのか」

「なぜ労働力不足になっているのか」

「なぜ女性がなかなか活躍できないのか」

などの要因を考え、**その社会的な背景などを掘り下げます**。

そして、**その要因を取り除くための方法を考える**わけです。

したがって、第3部では、**問題が生じる要因や背景を論じたうえで、具体的な対策を述べるようにすると、説得力のある内容になる**はずです。

②社会のあり方などの理念が問われている場合

このタイプはそれほど多くありませんが、たとえば「今後の日本が成長路線を歩むとすれば、どのような取り組みが必要となるか」（北九州市立大学・経済学部、２０１９年度）などと問われた場合、①のタイプと同じように考えることは難しいでしょう。

この場合は、まず成長路線を選ぶことの意義やプラス面（または、成長路線をやめることのマイナス面）を論じたうえで、そのためには経済や社会のあり方をどう変えればよいか、考える必要があります。

このタイプでは、現実的な問題解決よりも理念が問われているわけで、その点に注意して答えを考える必要があるでしょう。

第4部

最後にもう一度、自分の考える対策もまとめます。

実際の出題例

・日本においてキャッシュレス化を促進させるため、どのような方策が考えられるか。

（愛媛大学・社会共創学部、２０１９年度）

・図の内容を踏まえて、人口減少に歯止めをかけるための少子化対策について、あなたの考えを述べなさい。

（下関市立大学・経済学部、２０１８年度）

・女性が子どもをもちながら、仕事の場面で活躍するためには、どのような政策が必要か、あなた自身の考えをその理由とともに論じなさい。

（北九州市立大学・経済学部、２０１８年度）

例題１

次の課題文を読み、設問１および設問２に答えなさい。

設問１　課題文を３２０字以上４００字以内で要約しなさい。

設問２　新たな機械化によって今後生ずると考えられる技術的失業に対して、どのような対応策が考えられますか。課題文を参考にして、あなたの考えを具体的に３２０字以上４００字以内で述べなさい。

（長崎県立大学・経営学部、２０１６年度）

日本の雇用の未来を考える際、少子高齢化とともに重要な視点は、技術革新の影響である。特に、オートメーション、ロボット、コンピューター、人工知能（以下、まとめて「新たな機械化」と呼ぶ）が将来の雇用にどのような影響を与えるかは経済界、学界でも大きな注目を集めている。

新たな技術が職を奪うという懸念は歴史上幾度となく繰り返されてきた。産業革命初期に職を脅かされた英国の繊維工業の労働者らが機械、工場を破壊して回ったラッダイト運動はその典型例である。

その後、1930年代にジョン・メイナード・ケインズは、技術革新が物質的な繁栄を導くと同時に、省力化のペースが速ければ技術的失業が広がることを警告した。80年代にノーベル賞経済学者のワシリー・レオンチェフも、生産の最重要要素としての人間の役割はかつての馬と同じように縮小すると論じた。

しかし、過去200年間を振り返ってみれば、特定の職は技術革新で消滅しても、労働生産性の向上が所得水準の向上につながり、新たな需要を顕在化させる企業・産業が登場し、新規雇用も創出されることで雇用全体は増加してきた。新たな機械化がもたらす技術的失業が蔓延《まんえん》する懸念は杞憂《きゆう》に終わるのか、それとも今回は違うのか。

米マサチューセッツ工科大学（MIT）のデイビッド・オーター教授は2014年の論文で、哲学者マイケル・ポランニーの「人間は言葉で表せる以上のことを知っている」という言葉を「ポランニーのパラドックス」と名付け、人間と機械の違いとして暗黙知に焦点を当てた。

オーター教授を嚆矢《こうし》としたこれまでの研究をまとめてみよう。職務（ジョブ）を「ルール・手順を明示化できる定型的職務（現金出納、単純製造等）」と「明示化しにくく、やり方を暗黙的に理解している非定型的職務」に分けると、前者は中スキル・中賃金職務を形成してきたが、新たな機械化の影響を受けやすいこともあって米国、欧州、日本を含めその割合がこれまでも低下している。

さらに、非定型的職務を知識労働と肉体労働に分けると、非定型的知識労働（プロフェッショナルなど）は高スキル・高賃金職務を形成する一方、非定型的肉体労働（清掃など）は低スキル・低賃金職務を形成し、両者の割合がおおむね増加するという職務の二極化が先進国で起きている。こうした分析によれば、新たな機械化の悪影響を受けるのはもっぱら定型的職務に限られることになる。

しかし、MITのエリック・ブリニョルフソン教授、同アンドリュー・マカフィー主任研究員は15年の論文で、新たな機械化が今後10年で人間にとってかわる可能性は低いものの、長期的には技術進歩によって人間の労働者は全体的に不要になる可能性があると警告している。その技術革新のスピードはかなり速く、人間しかできないとされてきた領域まで機械が侵食してきているからである。

例えば、自動車の運転手は非定型的肉体労働の典型とされ、自動運転は数年前までは実用には程遠かったが、米グーグルが開発中の自動運転の精度は驚くほど高くなっている。また、暗黙知が活用されるパターン認識（例えば、写真をみてそれが椅子であると判断する力）も新たな機械化が難しい領域とされてきたが、豊富なデータを機械に学ばせる訓練を通じて暗黙のルールを推測し、ベストな予測をさせるという機械学習も格段に進歩してきている。長期的には何が起きるか予想がつかなくなってきているのだ。

一方、オーター教授は15年の論文で、マスコミや一部の学者は新たな機械化の労働代替効果を過大評価する一方、新たな機械化と労働との間の強い補完性が生産性、所得、労働需要を高める効果を無視していると批判している。例えば、米国で銀行ATMが普及していく過程で、大きく減るとみられた銀行の窓口係の数は30年間でむしろ増加したという研究を紹介している。現金を扱うような定型業務は縮小したが、ITの発展で個々の顧客と密接な関係を作ることが可能となり、追加的なサービス（クレジットカード、ローン、投資）を提供する新たな業務が生まれたためだ。

人間が機械と補完的役割を果たし得るよい例がチェスである。生身の人間はスーパーコンピューターに勝てなくなって久しいが、その最強のスパコンに勝利するのが人間とコンピューターのチームだ。

また、米アマゾン・ドット・コムの倉庫ではキバという物流ロボットが活躍しているが、すべて自動化されているわけではない。キバは可動棚を持ち上げて人間のところまで移動し、人間が商品をとりだすと棚を元の位置に戻す。つまり、ロボットは棚を動かすというルーティン（決まった手順の）作業を担当する一方、労働者は商品を扱い、全体の活動はソフトウエアで制御するという役割分担になっている。

オーター教授のもう一つの論点は、職務の二極化が永遠に続くことはないことだ。中スキルの職務も細かくみるといくつかの異なるスキルが要求される業務（タスク）から成り立ち、互いに補完性があることが多い。例えば、一定の技術が求められるが定型的な業務と、対面的やりとり・柔軟性・適応性・問題解決といったスキルが要求される非定型的業務の組み合わせである。これらの業務をばらして前者のみ機械化すると効率性が大きく損なわれるため、新たな機械化で代替されにくい。

そのような中スキルの職務例として、医療技術者、配管工、大工、電気工事士、自動車整備士、調整や意思決定が必要な流通部門の事務職などを挙げている。米ジョージタウン大学のハリー・ホルツァー教授は15年の論文で、近年、中スキル職務全体の割合が低下する中で、新たな中スキル職務の割合はむしろ高まっていることを示している。

それでは将来、技術的失業が蔓延しないために我々が準備すべきことは何か。オーター教授は、技術変化で代替されるのではなく補完的になるようなスキルを生み出すような人的資本投資が必要と主張する。機械にはできないが新たな機械化を伴うと価値が高まるスキルをどのように養成するか。ブリニョルフソン教授らは人とつながりたいという欲望が人間的な要素・スキル、つまり、人間の持つ芸術性（演劇、音楽）、身体能力（スポーツ）、思いやり（セラピー）、もてなし（レストラン）などへお金を払いたいという需要を生むとしている。

もう一つは、彼らの14年の著書（邦訳「ザ・セカンド・マシン・エイジ」）で述べているように、変貌自在、融通むげな発想によりこれまでにない新しいアイデアやコンセプトを思いつくスキルを養うことである。機械は答えを出すことはできても、問いを発する能力はいまだ備わっていない。「好奇心の赴くままに学ぶ」「どうして世界はこうなっているかを問う」など、自由な環境での自発的学習を重視するモンテッソーリ教育法（イタリアの医師が20世紀初めに考案）が米国で著名な起業家を生んでいると彼らは指摘する。日本の教育のあり方にも大きな示唆を与える。

（出典　鶴　光太郎「技術革新は職を奪うか」（経済教室）『日本経済新聞』二〇一五年九月一五日朝刊、三〇ページより、本文の一部を抜粋し、改変を施した上で引用した。）

解説

課題文の読み取りと設問1の解説

課題文は、**AIやロボットなどの「新たな機械化」が人間の職を奪うかどうか**を問題にしています。新聞の解説記事なので、明確な主張があるわけではなく、学者の研究の紹介が中心になっています。

技術革新が起きるたびに、「人間の職が奪われるのではないか」という不安の声が広がります。しかし、**実際には、技術革新によって新たな職が生まれることも多く、雇用全体は増えてきました**。

では、近年の「新たな機械化」の場合はどうかが、この課題では問題になっています。

職務を「定型的職務」と「非定型的職務」（要するに、マニュアル化できる仕事とそうではない仕事）に分けると、前者はこれまでも機械化の影響を受けて減ってきました。しかし、技術的な進歩によって、自動車の運転のようなマニュアル化しにくい仕事まで、機械化される可能性が出てきました。

その一方で、機械化が進むことで人間との役割分担が明確になり、機械を補完するような仕事がむしろ必要とされてきている面もあります。また、一見マニュアル的な仕事にもマニュアル化できない部分があり、そうした部分は機械では代替できません。

以上の点を踏まえたうえで、機械化による失業を防ぐ対策として、「機械にはできないが機械化を伴うと価値が高まるスキル」の養成と、「これまでにない新しいアイデアやコンセプトを思いつくスキル」の養成という2点が提案されています。

要約としては、以上のような内容を、字数に合わせてまとめるといいでしょう。

要約文の書き方については、172ページの「要約問題の書き方」を参照してください。

解答例では、字数が多いので、二部構成の「B型」を使ってまとめています。

設問2の解説

「新たな機械化によって今後生ずると考えられる技術的失業」に対する対策が問われています。

課題文の中ですでに2つの対策が提案されていますが、どちらも抽象的なので、そのままではイエス・ノーの形にしにくいでしょう。

そこで、それを踏まえて、**もっと具体的な対策を自分で考えるほうが、説得力のある内容になるはず**です。

課題文にあるように、**従来は機械化しにくいと思われてきた自動車の運転などの仕事も機械化される可能性が出てきた**一方で、**銀行の窓口など、機械化によって減ると思われた仕事が逆に増えている**、という状況があります。

また、アマゾンの倉庫係など、仕事の一部は機械化可能でも、機械化できない部分があるために、機械と役割分担をして共同作業をするタイプの仕事も、今後増えると考えられます。

それらを踏まえて考えると、**機械にできない仕事、とくにコミュニケーションやホスピタリティを伴う仕事の需要が今後高まるはず**です。

また、**機械と共同作業をするためには、機械を適切に扱うためのスキルが必要です。**そうしたスキルの必要性も、さらに高まるでしょう。

課題文の最後にある「新しいアイデアやコンセプトを思いつくスキル」というのも、もちろん機械にはない能力ですが、これは起業家などに必要なスキルなので、失業を防ぐ対策としてはあまり現実的とは言えません。

とはいえ、**具体的に掘り下げることができれば、十分説得力のある答えになる**と思います。

設問2の書き方

先ほど紹介した「対策を考える問題」の書き方を使います。

第1部で、自分の考える「機械化による失業を防ぐための対策」をズバリ示します。

第2部で、「確かに、その対策にはこういう限界（問題点）もあるかもしれない。

しかし、……」として、自分の対策を検証します。

第3部で、自分の対策がなぜ必要か、どのように機械化による失業を防ぐことができるのかを、背景なども含めて具体的に説明しましょう。

ただし、４００字以内と比較的字数が少ないので、第2部の反対意見などはそこまでくわしく説明する必要はないでしょう。

第1部の課題文のまとめも必要ありません。

設問2の構成メモの例

A「コミュニケーションやホスピタリティの能力を養成すべき」という意見

1　私は、機械化による失業を防ぐには、コミュニケーションやホスピタリティの能力をもっと養うべきだと考える。

2　確かに、そうした能力をとくに必要としない分野では、意味がないと言われるかもしれない。しかし、今後は、そうした能力はさまざまな分野で、もっと必要になるはずだ。

3　機械化が進めば、それだけ機械には決してできない仕事の需要が増える。事務的な手続きは機械に任せられても、顧客への対応などのコミュニケーションやホスピタリティを必要とする仕事は、人間にしかできない。そうした能力を、学校教育などでも、もっと重視して身につけさせることが必要だ。

4　したがって、私はコミュニケーションやホスピタリティを伸ばす教育が大切だと考える。

B「機械を適切に扱うスキルを養成すべき」という意見

1　私は、機械化による失業を防ぐには、機械を適切に扱うためのスキルをもっと身につけさせるべきだと考える。

2　確かに、AIがさらに進化すれば、将来人間による調整が不要なものも生まれるかもしれない。しかし、それまでは、機械と上手に共同作業できるスキルこそが必要とされるはずだ。

3　今後、人間の多くの仕事が機械に取って代わられるだろう。だが、それに伴い、機械を適切に調整したり動かしたりする仕事も必要になるはずだ。人間の労働者には、機械をコントロールする役割が求められるようになる。そうしたスキルを教育などで身につけさせることができれば、雇用も増えるだろう。

4　したがって、私は機械を適切に扱うスキルをもっと学校などで教えるべきだと考える。

C「独創的なアイデアなどを生み出すスキルを養成すべき」という意見

1　私は、機械化による失業を防ぐには、独創的なアイデアなどを生み出すスキルをもっと伸ばす必要があると考える。

2　確かに、こうしたスキルはとくに起業家などにとって必要なもので、一般的な労働者の失業対策にはなりにくいかもしれない。しかし、今後は必ずしも、そうとは言えなくなる。

3　機械化が進んで人間の仕事が減れば、正社員中心の従来の雇用のあり方も変わらざるを得ないだろう。そうなると、一般の人々にも、起業は身近な選択肢となってくる。斬新なアイデアやコンセプトを生み出すのは、機械には絶対にできない能力なので、それを磨くことは、今後の社会を生きるうえで大きな強みになるはずだ。

4　このように、私は独創的なアイデアなどを生み出すスキルを伸ばすべきだと考える。

解答例

設問1

歴史上、技術革新が起きるたびに、「人間の職が奪われるのではないか」という不安が広がった。しかし、実際には、技術革新によって新たな職が生まれることも多く、雇用全体は増えてきた。近年の「新たな機械化」の場合、職務を「定型的職務」と「非定型的職務」に分けると、前者はこれまでも機械化の影響を受けて減ってきた。しかし、技術的な進歩によって、自動車の運転のような定型化しにくい仕事まで、機械化される可能性が高まっている。その一方で、機械化が進むことで人間との役割分担が明確になり、機械を補完するような仕事がむしろ必要とされてきている面もある。また、一見定型的な仕事にも定型化できない部分があり、そうした部分は機械では代替できない。そうした状況に対し、機械化による失業を防ぐ対策として、機械を補完するようなスキルと、新しいアイデアやコンセプトを思いつくスキルの養成が求められている。

設問2

私は、機械化による失業を防ぐには、コミュニケーションやホスピタリティの能力をもっと養うべきだと考える。

確かに、製造業など、そうした能力をとくに必要としない分野では、それほど意味がないと言われるかもしれない。しかし、今後は、コミュニケーションやホスピタリティの能力は、さまざまな分野でもっと必要になるはずだ。

機械化が進めば、それだけ機械には決してできない仕事の需要が増える。事務的な手続きは機械に任せられても、顧客への対応などのコミュニケーションやホスピタリティを必要とする仕事は、人間にしかできないだろう。そうした能力を、学校教育などでも、もっと重視して身につけさせることが必要だ。そうすることで、機械化による失業を減らし、雇用を増やすことができるはずだ。

したがって、コミュニケーションやホスピタリティを伸ばす教育が必要だと私は考える。

2 「○○の課題（問題点）と、それを解決するための対策を示しなさい」というタイプの問題への対処法

この場合は、ひとつの設問の中に2つの問いが含まれていることになりますが、それほど複雑に考える必要はありません。ほとんどの場合、○○の現状や問題点は、課題文の中で説明されています。

したがって、**第1部で、まず○○の現状や課題をまとめたうえで、それを解決する対策をズバリと示す**といいでしょう。

課題文の中に「このような対策が有効だ」などと主張されている場合は、その主張が正しいかどうかを問題提起すればいいのです。

ただし、現状や問題点を図やグラフなどから読み取らなければならない場合は、もう少しくわしく現状や問題点の説明をする必要があります。

そうした場合は、前半で現状や問題点の説明をします。そして、段落を変えて、後半を二部構成にして、**最初に対策をズバリ示したうえで、そのメリットなどをくわしく説明す**

るといいでしょう。

似たようなパターンで、「〇〇が今後どのような影響をもたらすかを示したうえで、その解決策を述べなさい」などのような問題が出ることもあります。

この場合も、基本的な書き方は同じで、**最初に考えられる影響をまとめたうえで、それに対する解決策を示す**といいでしょう。

実際の出題例

- 資料にもとづき、日本においてワーク・ライフ・バランスを実現するための課題と、その課題の対策について、あなたの考えを述べなさい。

（北海道大学・経済学部、２０１９年度）

- 図を見て、日本の再分配政策の抱える問題点を指摘しなさい。また、所得格差および貧困問題の解決に向けて、今後どのような再分配政策が求められるのか、あなたの考えを述べなさい。

（下関市立大学・経済学部、２０１９年度）

・我が国の地域間人口移動にはどのような課題があると考えられるか、また、その解決にどのような対策が考えられるかを述べなさい。

（長崎大学・経済学部、２０１８年度）

例題２

以下の文章を読み、設問に答えなさい。

　明治以降、経済発展と人口増加に伴って全国的な人口分布は大きく拡大した。都市の数が増え、同時に規模が大きくなる。人口と経済発展の地域差が問題視されるようになったのは、高度成長の時代だ。東京圏（南関東）、大阪圏（京阪神）、名古屋圏（東海）に人と投資が集中し、激しい地域格差が生まれたのである。主な問題は、鉄道、高速道路、産業誘致、下水道などインフラ整備にかかわる格差だった。

　政府は対策として１９６２年の全国総合開発計画（全総）を皮切りに、新全総（６９年）、三全総（７７年）、四全総（８７年）、五全総（９８年）と、常に地域格差をなくすことを目標に掲げて均衡のある国土開発を目指してきた。

にもかかわらず、大都市圏では人口が過密となり、地方の農山漁村、離島では過疎化が著しい。この動向を反映し、人口の集中度合いを示す諸指標は太平洋戦争直後を除いて長期間上昇の一途を辿《たど》っている。

太平洋戦争後は特に東京圏、大阪圏、名古屋圏への人口集中が進んだ。これらの太平洋沿岸地域は空港や港湾施設を備え、企業が集積する。重化学工業化の主要な舞台として、労働力となる若年層が全国から集まった。第1次オイルショック後、3大都市圏への人口流入は一時的に停滞、バブル期と90年代後半から再び盛り返すようになったものの、大阪圏では90年代からおおむね純流出（流出超過）に転じ、名古屋圏はぎりぎりのところで人口を維持しているのが現状である。

歴史的に見ると、過去3回の人口変動の増加局面ではある特定の地域へと人が集中し、文明が成熟して人口が停滞・減少する時代（縄文時代後半、平安～鎌倉時代、江戸時代後半）は集中度が低下する傾向があった。新しい文明がある程度成熟してしまうと、社会を支える技術や制度、人々の生活様式は全国各地に波及する。地方への人口の分散化は、そうした普及に伴って進んだものと考えられる。あるいは、中央地域の政治力や経済力が相対的に低下したことの表れと見ることもできるだろう。

しかしながら今回は勝手が違う。人口増加はすでに終わっているにもかかわらず、4大工業地帯が形成された1930年頃から上昇してきた特定地域への人口集中度は高まるばかりだからだ。具体的にいえば、人口増加が頭打ちになった2005年以後も、南関東の1都3県、愛知県、滋賀県、沖縄県では人口が増加し続けている。
①この地域格差は今後、どう変化していくのだろうか。都道府県別人口の推移は人の移動に大きく影響されるため、将来推計は簡単ではない。過去と同じパターンの人口移動が今後も続く保証はどこにもないからだ。特に人口減退期に差し掛かっている現代では、人口移動がどのような形になるかは明確でない。国勢調査の結果を反映した都道府県別人口の推計が総人口とは違って、30年先までしか計算されないのにはそうした理由がある。
そこでここでは、国土交通省に設置されている国土審議会が推計した2050年までのデータを見てみよう。この地域人口推計は、出生と死亡による自然増減は社人研[注1]のデータを使い、地域間の移動による社会増減は若手労働力世代の人口と一人あたり県民所得の関係を用いている。

全国をおよそ１㎞四方の区画に区切って考察すると、２００５～50年のあいだに人が増える区画はわずか２％で、残りの区画では総じて人口が減少する。増加地点は大阪圏や沖縄にも少々見出せるものの、その多くは東京圏（埼玉・千葉・東京・神奈川）と名古屋圏（岐阜・愛知・三重）に集中している。

全国を広域ブロックに分けた場合だと、沖縄県がわずかに増加する他は全国どこでも減少。ただし首都圏（関東地方と山梨）と中部圏（長野・岐阜・静岡・愛知・三重）は減少幅がそれほど大きくなく、なかでも東京と名古屋圏は小さい。地方の人口減少が大きい分、減少幅の小さい三大都市圏、特に東京圏の割合が大きくなるようだ。

具体的な数字を見ると、あらためて人口減少の規模を実感できる。２０５０年までに人口が現在の半分以下になる区画は実に66％。４分の１以下になる地点も42％ある。さらに衝撃的なのは、人のまったく住まない「無居住化地点」が全国で22％も発生することだ。いま人が住んでいる土地の５分の１以上から、住居が消滅するというのである。

まとめよう。以上の予想が的中するならば、特定地域への人口集中度はさらに増していく。過去に経験したことのない、「人口減少」と「人口集中」が同時に展開する時代への突入――これが公に予想されている日本の未来である。

一方、特定都市への人口集中が続くという推計に対して、経済学者の松谷明彦氏はまったく正反対の予測を示している。彼の主張を具体的に見ていこう。

まず、地域ブロックごとの人口変化率を「年少人口」「生産年齢人口」「老年人口」と3区分の年齢構成別に見る。今後、老年人口が増えていくことは全国どの地域でも共通している。２０３５年までに老年人口は全国で45%増加し、総人口に対する割合は現在の20%から34%まで上昇する。

問題になるのは、この老年人口の大きな地域差だ。ここに大変な事実が隠されている。高齢者数の変化が最も激しいのは東京圏で、国土交通省の推計では２００５～50年で１・９倍に増える。次いで増加率の大きいのが中部、近畿、北関東の各地域。現在、この4つの地域に共通しているのは、これまでに多くの若者を引き寄せてきただけに、比較的、若者の割合が大きい点である。

こうした生産年齢人口の割合が大きい大都市圏では財源が確保されるため、財政的なゆとりがあった。しかし、現在の生産年齢人口はイコール、将来の老年人口（従属人口）である。今後、他県からの人口流入が細るであろうこともあり、大都市の老年人口の割合は急激に増加することが予測される。

そのとき何が起こるか。老年人口と年少人口を合わせた従属人口の割合は大都市圏ほど高くなる。従属人口が増えた分、彼らにかかる社会保障費は増大し、生産年齢人口にとっては財政負担の重みが増す。反対に、これまで若者を都市へと送り出してきた地域、たとえば四国、中国、東北地方では老年人口の増加率は小さく、従属人口はむしろ減少するはずだ。その分の財政負担は軽くなり、住民の生活水準は上昇する。その結果、大都市地域から地方への移住を考える人が増えるのではないか――松谷氏は、そう予想しているのである。

こうした移住によって現在の人口集中がどこまで分散するかは不明だが、東京圏への一極集中が相当程度、緩和される可能性は充分にあるだろう。なぜなら、この現象は過去３度の人口変動期の経験、つまり文明の成熟期に人口集中が弱まっていった過程と似ているからだ。すでに大阪圏で起きている流出超過が、その兆候だとは考えられないだろうか。

本書を書き終えようとしていた２０１１年３月11日、東日本大震災の悲劇が発生した。震災によって世界各地への部品供給が一時的に止まったことから、産業の空間的リスク分散を図るべきだという声があがっている。東京圏への一極集中を改善して全国各地の均衡ある発展を実現することは、高度成長期から続く全国総合開発の謳《うた》い文句であった。政府の悲願が実現する日はそう遠くないのかもしれない。

ただし、分散化に際して注意すべき点もあることを付け加えておきたい。企業、工場、大学が大都市圏から地方に移転すると、大都市を去る生産年齢人口の勢いは加速する。ただでさえ老年人口の割合が増える都市圏で、街を離れることのできない高齢者は取り残されてしまわないだろうか。その結果、彼らのための社会福祉が財政悪化をもたらし人々の生活水準が低下するというのでは、あまりにも本末転倒である。

もっと簡単に分散化を図る提案もある。都市と農山漁村とのあいだを行き来して暮らす「二地域居住」だ。現在でも、週末や定年後の引退生活を自然の豊かな田舎で楽しむ風潮は広がっているが、これを推し進めるのである。ペンションや別荘で休暇をすごす習慣は高度成長期に流行っただけで定着しなかったが、むしろ、ワークライフバランスが重視されて長い休暇を取る人が増える、これからの社会で慣習化することが期待される。

首都圏と地方人口の地理的分布でいえば、以上のように２つの予測が成り立つわけだが、人口の縮減によって確実に大きく様変わりするであろう場所がある。過疎地域だ。過疎地域の定義は年代によって変わってきたが、単に人口の少ない場所という意味ではない。農山漁村などのうち急速な人口減で地域社会の機能が弱まり、住民が生活水準の低下を余儀なくされた地域をいう。過疎地域が生まれた主な原因は、農山漁村から都市へ移動するのが一家の二・三男だけではなく、跡継ぎの長男や世帯主にまで広がったことだ。人口の減った地域はダムの建設地になることも多く、立ち退きを命令された住民は一家総出で都市に引っ越した。こうした挙家離村が、過疎地域を通り越して社会生活を維持することができなくなる限界集落を各地に発生させるようになったのである。

２０１０年４月時点で、一部でも過疎地域を含む市町村は全国で７７６カ所にのぼる。その数は市町村数の４割以上、面積は国土の57・３％と半分以上を占めている。広大な面積に比して人口は１１２４万人、総人口のわずか８・８％にすぎない（05年国勢調査）。

将来推計を見ると、まず大づかみに農山漁村が大きな割合を占める四国、東北、北海道の場合、２０３５年までに人口の20％以上が減ると予想されている。

現地の人口減少の勢いは激しい。若者たちが都市へと出ていくため高齢化が進み、老年人口の割合はすでに30％を超えた。平成に入ってからは出生数と死亡数の差（自然増減）がマイナスに転じ、人口の減少幅は拡大、年間10万人以上が減っている。そうした地方ではこれまで農林水産業、いわゆる第1次産業が中心であったが、いまや第1次産業は弱体化の一途を辿《たど》っている。食料や飼料、木材の海外輸入が増えたこと、産業の担い手が高齢化したことなどがその理由だ。第1次産業の従事者は全国的に減り続けており、05年時点で全体の5％を下回っている。

過疎化の進む地方の市町村は税収入も小さく、財政力は脆弱《ぜいじゃく》だ。上水道、下水道、道路などのインフラも、依然として全国平均との格差は大きい。人口が大幅に減少していく社会にあって、鉄道やバス路線などの交通機関がある程度まで縮小していくことは避けられない。自動車を運転できない子どもや高齢者にとっては移動がさらに不便になり、生活しづらい未来が待っているだろう。無医地区が多いのも問題だ。現状でいえば、特に小児科や産婦人科の数が足りていない。と同時に、増えていく一方の高齢者に必要な福祉施設の整備も遅れている。過疎地域における生活環境の劣化は人口流出に拍車をかけ、負の連鎖を起こしている。

こうした現状を踏まえて行われた２００６年度の市町村向けアンケート、その結果は衝撃的なものだった。現在、過疎地域に指定されている６万２０００余の集落のうち、「今後10年以内に」なくなる可能性がある集落の数は４２３。さらに、「いずれ」なくなるおそれがあると回答した集落は２２２０にのぼった。人口９０００万人の２０５０年、人口４０００万人の２１００年に、これらの集落が残っているとは考えづらい。仮に２０５０年までと計算すると、いま人が暮らしている集落が年平均で40以上も姿を消すことになる。

集落が次々と消滅していく未来の地方・地域はどうなっているだろうか。空き家が増え、耕作放棄地の増大によってあたりの山林は荒廃が進む。荒廃の影響は一地域に留まらず、河川流域など広い範囲に及ぶはずである。まず、野生生物による獣害や病虫害が多発している光景が思い浮かぶ。人の手入れが行き届いた森林や水田は、ダムの機能を果たしている。それが消失してしまえば、周辺一帯で土壌の保水能力が低下するだろう。山地からの土砂流出が起きでもしたら、洪水に結びつく可能性も考えられる。

過疎化と集落消滅への対策としては、１９７０年に過疎地域対策緊急措置法が制定されている。この法律は以降10年ごとに更新されながら、生活環境や高齢者の保健・福祉の整備を中心に様々な支援措置を講じてきた。近年でいえば、二地域居住といった交流居住などによる都市地域との連携や交流を図る取り組みが展開されている。しかし残念ながら、これらの取り組みは決定的な決め手にはならないだろう。あえて残酷な言い方をするならば、私たちはこの先、集落の自然死を認めなくてはならない。

出所：鬼頭宏『２１００年、人口３分の１の日本』メディアファクトリー新書、２０１１年。
なお、問題作成のために本文の一部を改変した。

注１　国立社会保障・人口問題研究所。

設問

問１　傍線部（１）の今後の人口の地域格差の変化に関する2つの予測について、それぞれ１５０字以内で要約しなさい。

問２　日本の人口は２０５０年には９０００万人、２１００年には４０００万人にまで減少するとの予測がある。こうした人口減少により、今後あなたの地域ではどのような問題が生じ、またその問題に対しどのような解決策が考えられるか。

400字以内で述べなさい。

（佐賀大学・経済学部、2017年度、設問一部改変）

解説

課題文の読み取りと問1の解説

課題文の内容は、前半と後半とで大きく分けられます。

前半では、**日本における人口の地域格差の現状と今後の予測**について説明しています。

近代以降、日本では大都市圏に人口が集中する一方で、地方の過疎化が進んできました。**今後、人口減少が進むにつれて、この傾向がますます加速する**と予想されています。

他方、**今後はこれまで人口が流入してきた大都市圏でとくに老年人口が増え、逆に地方では老年人口がそれほど増えない**という見方もあります。

老年人口が増えれば、それだけ現役世代の負担も増え、そのため高負担の都市部を嫌って地方に移住する人が増えるかもしれません。そう予測する学者もいます。

問1では、「今後の人口の地域格差の変化に関する2つの予測」を要約することが求められているので、以上の内容をそれぞれ字数に合わせてまとめるといいでしょう。

課題文の後半では、過疎化が急激に進む地方の現状を説明し、さまざまな対策にもかかわらず、そうした過疎集落が将来的に消滅していくのを認めるしかない、と論じています。

問2の解説

問2では、「①今後数十年における急激な人口減少によって生じる問題」と「②その解決策」という2つの点が問われています。

①については、「今後あなたの地域では……」と設問にありますが、これは**都市部と地方の違いを踏まえて論じることが求められている**と見ていいでしょう。

現在も、都市部への人口集中と地方の過疎化は進んでいます。

今後それが加速するとすれば、地方は働き手がいなくなり、経済どころか社会生活も成り立たなくなるでしょう。さらに、それが国土の荒廃につながる恐れもあります。

そうした問題への解決策として、地方の場合だと、やはり**若者を地元に引き止めて、人口流出を防ぐ**ことが真っ先に考えられます。

そのための具体的な政策（地方に住みながら大都市圏の企業で働けるようにする等）を考える必要があります。

また、過疎化が進むことは避けられないとすれば、**コンパクトシティ化を進めて、残った人口を地方の主要都市に集住させるという政策もありうる**でしょう。

一方、都市部については、課題文にもあるように、人口が多い分、今後急激な高齢化が予想されます。仮に一部の学者が予想するように都市民の地方への移住が増えるとすれば、移住のできない高齢者が取り残され、福祉も満足に受けられなくなるかもしれません。

対策としては、**高齢化による問題が深刻になる前に、人口を分散させる**ことが考えられます。

都市部への人口集中が続いていることが問題の要因なので、**人口を地方に分散させ**

て人口の極端な偏りをなくせば、都市部でも高齢化に対応できるようになるでしょう。これは、**人口流出に悩む地方にとってもメリットがある**はずです。

ほかにもいろいろと考えられると思いますが、この設問では、人口減少を食い止めるための対策ではなく、あくまでも**「人口減少によって生じる問題を解決するための対策」**が求められています。

したがって、少子化対策と同じようなことを考えても、的外れになってしまいます。

そこは間違えないようにしましょう。

問2の書き方

「対策を考える問題」と同じ書き方を応用できます。

第1部で、まず人口減少によって生じる問題を簡潔に説明したうえで、それへの解決策をズバリと示します。

第2部で、その解決策の問題点かほかの解決策に触れておきましょう。

そして、**第3部で、自分の考える解決策のメリットや意義、具体的な内容などを説**

明するといいでしょう。

字数が少ないうえに、第1部がやや長めになるはずなので、第2部の反対意見をくわしく説明する必要はないでしょう。第4部を省略してもかまいません。

なお、**自分の考える問題と対策が地方と都市部のどちらに当てはまるのか、最初に明らかにするのを忘れない**ようにしましょう。

問2の構成メモの例

A「地方に当てはまるケース」を考える場合（その1）

1　地方で人口減少が進むと、働き手がいなくなり、経済どころか社会生活さえ成り立たなくなる恐れがある。そうならないようにするために、若者を地元に引き止めて、人口流出を防ぐ必要がある。

2　確かに、人口減少が続く以上、とくに地方で若者が仕事を見つけるのは難しくなるいっぽうかもしれない。しかし、それでも、若者の流出を防ぐ対策が必要だ。

3　具体的には、若者が地方に住みながら都市部の企業で働けるような仕組みをつくることが考えられる。これは、デジタル化が進み、リモートワークが一般的になれば、決して不可能なことではない。地方に仕事がないという問題も、これなら解消できるはずだ。

4　以上のように、私は、若者の流出を防ぐ対策が必要だと考える。

B「地方に当てはまるケース」を考える場合（その2）

1　地方で人口減少が進むと、過疎集落が増え、過疎地の住民は日常生活さえままならなくなる。そうならないようにするために、地方の人口を主要都市に集住させて、コンパクトシティ化を進めるべきだと考える。

2　確かに、生まれ育った土地に愛着のある住民からの抵抗もあるかもしれない。しかし、過疎化に伴う問題を解決するには、コンパクトシティ化しかないと考える。

3　過疎地域が散在する状況では、行政サービスも行き届かず、住民の生活は不自由になるばかりだ。過疎地域の住民を主要都市に集めれば、行政サービスも効率的に行えるだけでなく、住民同士の交流も進んで、高齢者にとっても暮らしやすい社会になるはずだ。

4　したがって、コンパクトシティ化を進めるべきだ。

C「都市部に当てはまるケース」を考える場合

1　都市部では、人口が集中している分、今後急激な高齢化が進み、高齢者が福祉も満足に受けられない状況になる恐れがある。そうならないようにするために、人口を地方に分散させ、人口の極端な偏りをなくす必要がある。

2　確かに、都市への人口集中を止めるのは、現状では難しいかもしれない。しかし、都市機能を分散させるなどして、人口の分散を進めるべきだ。

3　都市部の高齢化が深刻になるのは、都市部への人口集中がいまも進んでいることが要因だ。そのため、人口を地方に分散させて人口の極端な偏りをなくせば、都市部でも高齢化に対応できるようになるはずだ。これは、人口流出に悩む地方にとってもメリットがあるだろう。

4　以上のように、人口の偏りをなくす政策を打ち出すべきだ。

解答例

問1

・今後も東京圏や名古屋圏などの大都市圏への人口集中が続き、それ以外の地方では人口減が進む。とくに、多くの地方で人口が半減するなど人口が大きく減少する一方で、大都市圏では小さい減少幅にとどまる可能性がある。つまり、全国的な人口減少と、大都市圏への人口集中が同時に進行すると考えられる。

・今後は、これまで多くの人口が流入してきた大都市圏で、それらの人々がそのまま高齢化して老年人口の割合が増加する。そのため、都市部では、高齢者を支えるための負担が大きくなる。逆に、人口流出が激しい地方では、老年人口がそれほど増えないため、高負担の都市部を嫌って地方に移住する人が増える可能性がある。

問2

私の住んでいるような地方では、人口減少が進むと、過疎集落が増え、過疎地の住民は日常生活さえままならなくなる恐れがある。そうならないようにするために、地方の人口を主要都市に集住させて、コンパクトシティ化を進めるべきだと考える。

確かに、生まれ育った土地に愛着のある住民の中には、抵抗を感じる人も多いかもしれない。しかし、過疎化に伴う問題を解決するには、コンパクトシティ化しかないと考える。

現在、離島や山間部で過疎化が進んでいる。今後は、地方のあちこちに多くの過疎地域が散在するようになるだろう。そうした状況では、行政サービスも行き届かず、住民の生活は不自由になるばかりだ。過疎地域の住民に各地の主要都市に移住してもらえば、行政サービスも効率的に行えるだけでなく、住民同士の交流も進んで、高齢者にとっても暮らしやすい社会になるはずだ。

したがって、私は地方でコンパクトシティ化を進めるべきだと考える。

第5章

図表がついた問題は、どう書けばいい？

図表がつくタイプの小論文は、経済・経営系ではしばしば出題されます。

データを正確に読み取り、それにもとづいて対応を考えることは、経済や経営を学ぶうえでとても大事なことです。そのため、図表を正確に読み取る力が試されるわけです。

ただし、このタイプも、課題文がつくタイプと、考え方は基本的に同じです。

図表は、何の意味もなく出されているわけではありません。

課題文と同じように、学校側には**「この図表から、こういう問題やテーマを考えてもらいたい」**というしっかりとした狙いがあります。

その問題やテーマを読み取ることが大切なのです。

1 図表の読み取り方、3つのステップ

次に、図表の読み取り方について説明しましょう。

①細かいところではなく、大きな違いや変化に注目する

まず、細かい違いや変化は無視して、大きな違いや変化に注目しましょう。

数十年間の変化を表わすグラフだと、数年ごとに上下の移動があったり、ある年だけ激しく変化しているといった場合があります。

しかし、そうした**細かい変化に気をとられてしまうと、グラフ全体の表わす全体的な傾向を見逃してしまう**ことがあります。

年代別の違いを表わすグラフなども、若い世代と年長世代の違いを読み取ればいいので、10代と20代の違い、60代と70代の違いなどは、問題にならないのがふつうです。

このように、**あくまで全体を通して見られる大きな変化や違いに目を向けることが大切**です。

②背景を考え、図表が問題にしたいことを読み取る

次に、そうした**変化や違いの背景にあるものを考えましょう**。

図表に表わされるような変化や違いには、何らかの原因や背景があるはずです。たとえ

ば、社会の状況の変化とか、国や地域による事情の違いなどです。

図表を出題する側は、グラフなどが表わす数値そのものよりも、そうした**背景や状況などに目を向けてほしい**わけです。

したがって、そうした**背景や状況などを考えれば、その図表がどんな問題を指摘したいのかが見えてくるはず**です。

それでも、図表が何を語っているのかよくわからないときには、**課題についての知識と照らし合わせて考えてみます**。

高齢者の社会保障に関するグラフが出ている場合など、「これから高齢化がますます進んで、福祉が大変になる」という知識があったら、その資料からそのことが裏付けられるかどうかを確認します。

裏付けられなかったら、それはなぜかを考えます。

③第1部を考える

図表から読み取った事柄が、イエス・ノーの形にできる内容であれば、通常の課題文つき問題と同じように、イエス・ノーの問題提起をするといいでしょう。

まとめ

図表を読み取る3つのステップ

①細かいところではなく、大きな違いや変化に注目する
②背景を考え、図表が問題にしたいことを読み取る
③第1部を考える

そして、答案を書く際には、**最初に図表から読み取ったことを簡潔にまとめたうえで、それを踏まえて問題提起をすればいい**わけです。

ただし、このタイプの場合、イエス・ノーを答えさせるよりは、第4章で説明した「対策を考える問題」と同じように、対策や企画を考えさせる問題のほうが一般的です。

その場合は、やはり**「対策を考える問題」と同様、問題提起の代わりに自分の考える対策などをズバリと示す**ようにしましょう。

なお、図表の読み取りだけが求められている設問に対しては、176ページの「説明問題の書き方」を参照してください。

例題１

日本の農業に関する以下の図表にもとづき、問１および問２に答えなさい。

問１　図１からわかるように、日本の食料自給率は長期的に低下してきている。その要因として、図２から読み取れる内容を２００字以内で説明しなさい。

問２　食料自給率の低下に対し、図２から図４および表１を踏まえ、どのような対応策が考えられるか、４００字以内で説明しなさい。

（長崎大学・経済学部、２０１９年度）

図1　食料自給率の推移

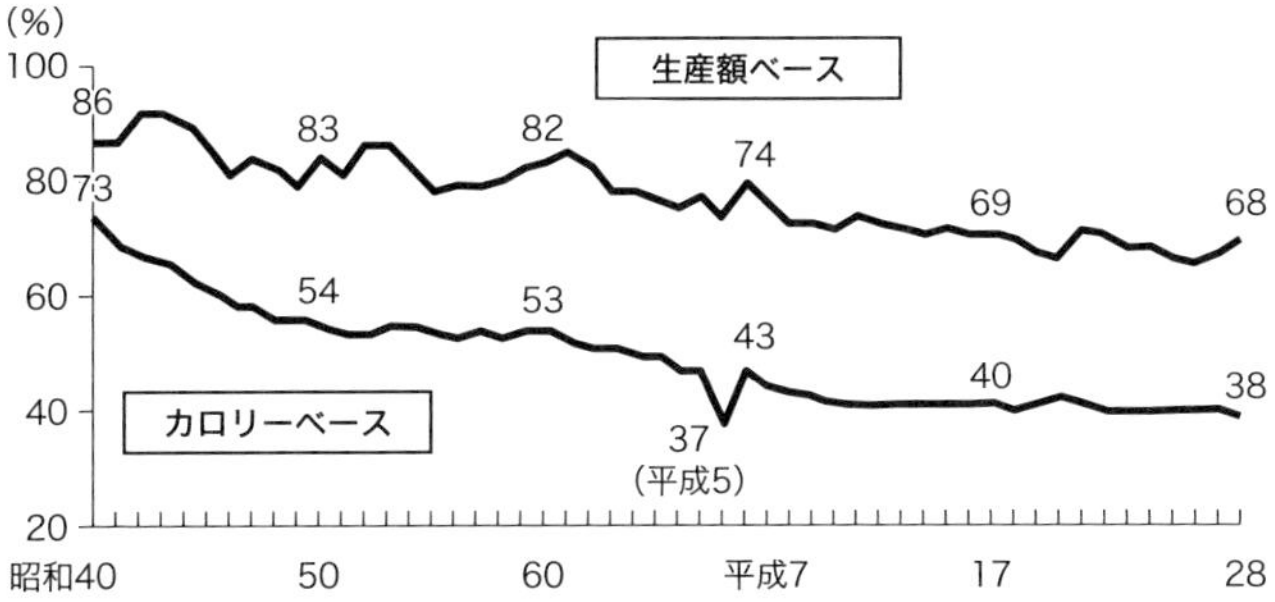

（出所：農林水産省「知ってる？日本の食料事情（平成29年9月）」8ページより作成）
（注）食料自給率は、食料全体における自給率を示す指標として、供給熱量（カロリー）ベース、生産額ベースの2つの方法で算出。畜産物については、国産であっても、輸入した飼料を使って生産された分は国産には算入されない。

図2　昭和40年度と平成28年度の食料消費構造の比較

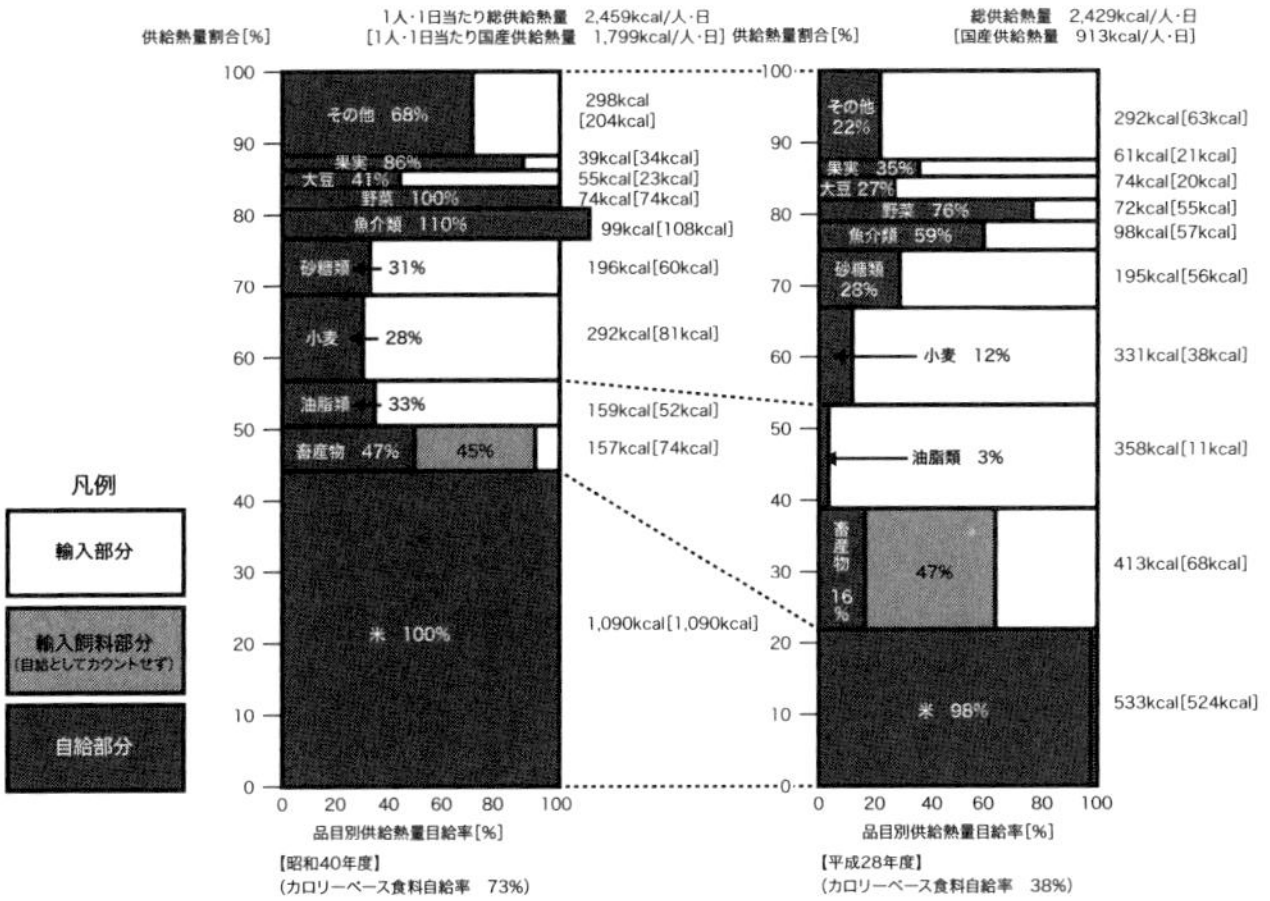

（出所：農林水産省「知ってる？日本の食料事情（平成29年9月）」7ページより作成）

図3　意識調査：農林水産物・食品・飲料について「国産」かどうかの重視度合

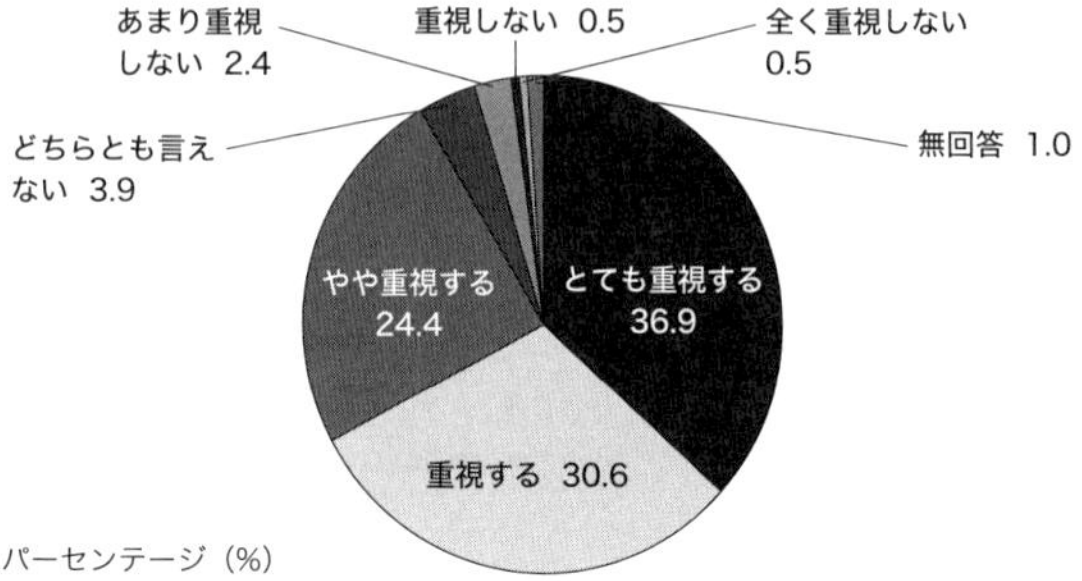

単位：パーセンテージ（%）

（出所：農林水産省「食育活動及び国産農林水産物・食品に関する意識・意向調査」
（平成29年10月10日）より作成）

図4　耕地面積の推移

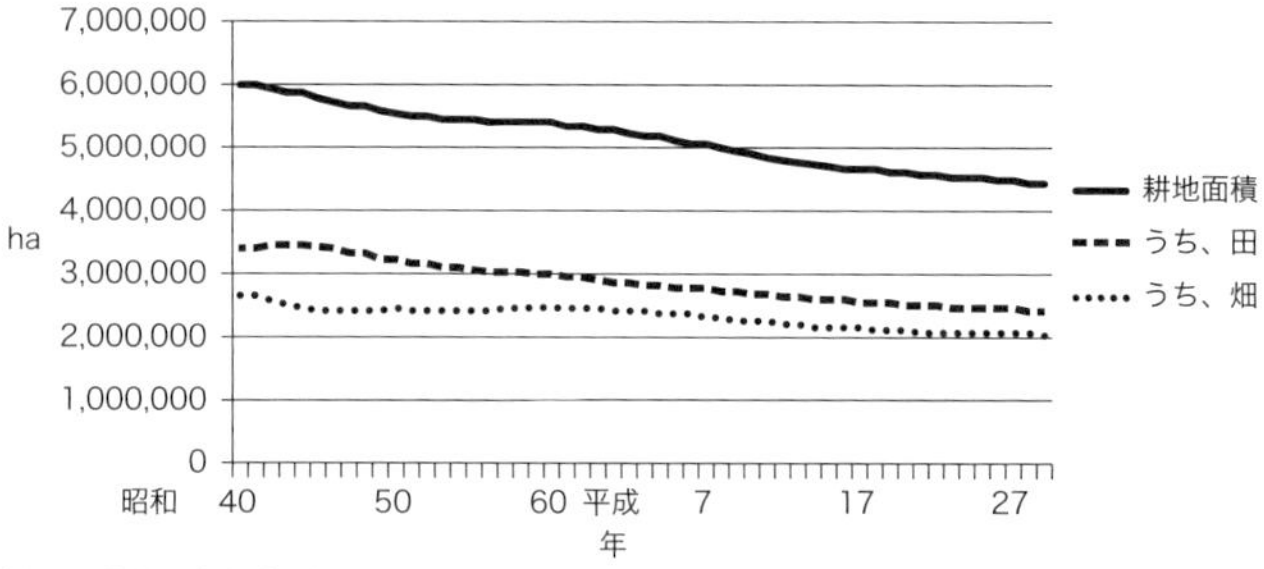

（出所：農林水産省「平成29年耕地及び作付面積統計」より作成）

表1　農業就業人口の推移

年	平成12	17	22	27	28	29
農業就業人口（万人）	389.1	335.3	260.6	209.7	192.2	181.6
うち65歳以上（万人）	205.8	195.1	160.5	133.1	125.4	120.7
平均年齢（歳）	61.1	63.2	65.8	66.4	66.8	66.7

（出所：農林水産省「農林業センサス」、「農業構造動態調査」より作成）

解説

問1の解説

図1は、問1の設問文にもあるように、**日本の食料自給率がここ50数年低下しつづけている**ことを示しています。

問1は、このように日本の食料自給率が長期的に低下している要因を、図2から読み取る問題です。

一目見て、米とそれ以外を分けて考えるのがいいとわかるでしょう。

そうすると、昭和40年度と比べて、現在は、

①米を除くほとんどの品目の自給率が大きく低下している

②1人1日あたりの食料の供給熱量に占める米の割合が4割強から2割強へ半減している

という2点がわかります。つまり、

「主食である米は現在でもほぼ自給できているが、米を食べる量自体が減っている」

「一方で、米以外の食料は以前より多く食べられているが、自給率が大きく低下し

ている」

という2つのことが言えるわけです。

問1の答えは、この2点をまとめて、字数に合わせて説明すればいいでしょう。

「B型」を使って、図表の読み取りをくわしく説明したうえで、最後にそこからわかることをまとめるほうが書きやすいはずです。

問2の解説

図2～4と表1を踏まえて、食料自給率の低下に対する対応策を考えることが求められています。

図3は、食料が「国産」かどうかを重視する人の割合が、「やや重視する」も含めると9割を超えていることを示しています。

図4からは、耕地（田畑など、農作物を耕作するための土地）面積が、長期的に減少してきていることがわかります。

そして、表1からわかるのは、農業に従事している人が、17年間で半減以下、平均年齢が5歳上昇していることです。

以上から読み取れるのは、**国産の食料を望む人が多いにもかかわらず、耕地面積も農業人口も減少しつづけ、その結果、自給率も低下しつづけているという日本の食料事情**です。

対策としては、**「生産」と「消費」の2つの面から考える**と、うまく頭を整理できます。

「生産」の面では、やはり農業人口を増やし、農作物の生産量を増やすことが先決でしょう。

そのためには、農業自体を安定した収入の見込める、魅力ある産業にする必要があります。

具体的には、

「後継者を育てるために若い農業経営者を支援する」

「食への嗜好が多様化していることを踏まえて、消費者のニーズに合わせた農業経営の多角化をする」

「食品産業と提携して、新しい商品を開発する」

など、いろいろと考えられるはずです。

国産のおいしい農作物を海外にもっとアピールして、食料の輸出を増やすことも考えられるでしょう。

一方、**「消費」の面では、人々にできるだけ国産の食料を食べてもらうようにする必要があります。**とくに、消費量が半減している米や、自給率が低下している野菜などの消費を増やせば、それだけ自給率全体の回復が期待できます。

図3からわかるように、もともと国産の食料に対する信頼は高いので、アピール次第でそれらの消費を増やすことは可能でしょう。

そのために、学校などで食育を充実させたり、また地産地消を推進して地元の農産物を食べてもらうようにするなどの方法が考えられます。

以上のように、知識があればある程度のアイデアを出しやすい問題ですが、それらをたんに列挙しても説得力のある内容にはなりません。

焦点を絞って、できるだけ具体的に説明することが大切です。

問2の書き方

書き方は、第4章で説明した**「対策を考える問題」**の書き方を応用します。

第1部で、図2〜4と表1から読み取れることを簡単に説明します。そして、自分の考える対策をズバリと示します。

第2部で自分の対策の問題点やほかの対策などに触れ、第3部で自分の対策の意義や効果などを具体的に説明するわけです。

字数が少ないので、第4部を省略してもかまいません。

問2の構成メモの例

A「生産の面」で考える場合

1　食料自給率の低下に対し、私は農業人口を増やし、農産物の生産を増やす必要があると考える。そのためには、農業をもっと魅力ある産業にする必要がある。

2　確かに、国産の食料を増やしても、それを消費者が選んでくれるかどうかが問題だ。しかし、まずは農産物の生産を増やし、農業を安定した産業にするのが先決だ。

3　現在、農業人口の高齢化が進んでいる。農業を発展させるには、意欲のある若者が農業で生活していけるようにする必要がある。そのため、たとえば若い農業経営者を積極的に支援し、若者が働きやすい環境を整えるようにするべきだ。

または、

3 消費者の食の好みが多様化していることを踏まえて、消費者のニーズに合わせて農業経営を多角化する必要がある。そのためにも、食品産業と提携して、新しい商品開発などに取り組むことを奨励すべきだろう。

または、

3 日本の農産物は、味がよく、品質が高いことで知られている。インターネットなども使って、もっと海外にアピールして、グローバル展開をすることで、輸出も増える。それによって、農業がもっと新しく、魅力的な産業になるはずだ。

4 以上のように、農業をもっと産業として魅力のあるものにするべきだ。

B「消費の面」で考える場合

1 食料自給率の低下に対し、私は国内の農産物の消費を増やす必要があると考える。とくに、消費量が減少している米や、自給率が低下している野菜などの消費を増やすことが必要だ。

2　確かに、農業を発展させ、農産物の生産を増やすことも大切だ。しかし、国内の農産物の消費が増えないと、自給率の低下は防げない。

3　現在行われている学校での食育をもっと充実させて、米や野菜の重要性を教える必要がある。そうすることで米や野菜の消費が増えれば、自給率が回復するだけでなく、子どもたちも栄養バランスのいい食生活が送れるようになる。

または、

3　もともと国産の農産物への信頼は高い。地産地消をもっと推進して、地元の農産物の質の高さや安全性を知ってもらうようにすれば、地元の農産物を積極的に選ぶ人も増えるだろう。

4　以上のように、国内の農産物の消費を増やすことが必要だ。

解答例

問1

図2によれば、昭和40年度と平成28年度では、米と砂糖類を除くほとんどの品目の

自給率が大きく低下している。その一方で、自給率が１００パーセントに近い米は、１人１日あたりの供給熱量がほぼ半減していることがわかる。つまり、日本の食料自給率が長期的に低下してきている要因は、米の消費量が減少していることと、米以外の食料の自給率が大きく低下していることが大きい。

問２

４つの図と表からは、「国産の食料を望む人が多いにもかかわらず、耕地面積も農業人口も減少しつづけ、その結果自給率も低下しつづけている」という日本の現状が読み取れる。食料自給率の低下に対し、私は農業人口を増やし、農産物の生産を増やす必要があると考える。そのためには、農業をもっと魅力ある産業にする必要がある。

確かに、国産の食料を増やしても、それを消費者が選んでくれるかどうかが問題だ。いまは、日本の消費者の食の好みも、多様化しているからだ。しかし、まずは農産物の生産を増やし、農業を安定した産業にするのが先決だ。

消費者の食の好みが多様化しているのであれば、それを踏まえて農業のあり方を変えればいい。従来の米中心の考え方を改め、消費者のニーズに合わせて農業経営を多角化する必要がある。そのためにも、食品産業と連携して、新しい商品の開発に取り組むなどの新しい試みを、積極的に奨励するべきだろう。

2 図表と課題文が組み合わされている問題の書き方

経済・経営系の小論文の中には、**図表と長めの文章（課題文）が組み合わされている問題**がしばしば出題されます。

このパターンの問題には、大きく分けて2つのタイプがあります。

①課題文の中に、もともと図表が組み込まれているタイプ

課題文の中に図やグラフが挿入されているタイプは、**課題文として抜粋された元の文章**

にもともと図表が組み込まれている場合が多く、図表は文章の主張や論旨をわかりやすくしたり裏付けたりするためにあります。

課題文を読み取るのに図表の読み取りが必要な場合はあまりありませんが、設問の中に図表の読み取りが必要なものがあることもあるので、気をつけましょう。

②図表と文章（課題文）とが別々に示されているタイプ

もうひとつは、**図表と文章（課題文）とが別々に示されているタイプ**です。

この場合は、**文章は主張や論旨を読み取るというよりも、図表と同じように問題を考えるための参考資料として使われている**場合が多いです。

このタイプの問題では、設問に答えるのに、**図表も文章も同じようにきちんと読み取る**必要があります。

例題２

次の文章は、増田寛也編著『地方消滅』中央公論新社（２０１４年）の一部である（ただし、省略もしくは加筆など一部表記を変更した箇所がある）。

また、表1～4（日本の合計特殊出生率の年次推移〈表1〉、都道府県別の合計特殊出生率と自然増減数〈表2〉、都道府県別にみた女性の人口と年齢別構成比〈表3〉、都道府県別にみた女性の年齢別転入超過数〈表4〉）は、厚生労働省および総務省の資料から作成したものである。文章と表を読み、問1、問2に答えなさい。

ここでは、東京圏への人口流入を止めることと並んで人口減少対策として必要な、少子化を止める戦略について論じたい。

まず、少子化を止めるための基本目標として、「国民の希望する出生率（希望出生率）を実現すること」を掲げたい。その実現のため、子どもを産みたい人の希望を阻害する要因の除去に取り組む。ただし、「希望出生率」はあくまでも政策が適切かどうかの「評価指標」として活用すべきものであり、国民に押しつけるようなことがあってはならないことは言うまでもない。

現時点の「希望出生率」としては、一・八という水準が想定される。これは、二〇一〇年出生動向基本調査結果における、夫婦の「理想子ども数」は平均二・四二人、「予定子ども数」は平均二・〇七人であること、独身女性の結婚希望率が八九・四%、

「（結婚した場合の）希望子ども数」が二・一二人であることを踏まえ、注*1の方式で算出した。

現在日本で最も高い沖縄県の出生率が二〇一三年で一・九四であり、OECD（経済協力開発機構）加盟国の約半数は出生率が一・八を超えている。また、スウェーデンでは一九九九年から二〇一〇年の一一年間で出生率が一・五〇から一・九八まで約〇・五ポイント上昇した。こうしたことを勘案すれば、一・八という基本目標は、困難ではあるが実現不可能なものではない。

さらに、対策が効果を上げ出生率が向上していった場合、基本目標を再設定すべきである。その際の目標値としては、将来において人口を安定的に維持できる水準である「人口置換水準（出生率＝二・一）」が考えられる。出生率＝二・一は、夫婦の平均理想子ども数が二・四二人であることなどを考慮すると、国民の希望として、長期的には視野に入れることのできる水準だろう。［中略］

希望出生率である一・八は、二〇歳代後半の出生率（ここでは年齢階級別出生率）がオランダやデンマーク並みになれば可能となる。日本は有配偶率（結婚している率）と出生率の相関が高い（つまり結婚せずに子どもをもうける人が少ない）ことから、二〇歳代後半女性の有配偶率（現在約四〇％）が六〇％程度に上昇し、三〇歳代以降の有配偶率にもその傾向が反映されれば実現可能と考えられる。

出生率＝二・一は、二〇歳代前半以降の出生率（前に同じ）がアメリカやフランス並みになれば可能となる。そのためには、日本の二〇歳代前半女性の有配偶率（現在八％）が二五％程度、二〇歳代後半が六〇％にまで上昇し、それ以降の有配偶率にも反映されることが目安となる。

日本では、なぜ二〇～三〇歳代前半の出生率が低いのだろうか。多くの男女は結婚し、子どもを持つことを希望しているが、社会的な理由でかなわず、結果として、晩婚化や未婚化が進行しているのだ。

また、結婚した夫婦も希望をかなえているわけではない。夫婦の理想子ども数は平均二・四二人だが、現状は一・七人にとどまっている。第二子の出生に影響する要因には、経済的要因のほか、「育児と就業の両立が難しいこと」や「夫の育児への参加が少ないこと」など「子育て支援サービス」や「働き方」に関する問題がある。また、第三子以降の出生については子育てや教育にともなう費用が大きく影響している。フランスの出生率が高い理由として、育児休業の取得や労働時間短縮といった柔軟な働

表1　日本の合計特殊出生率の年次推移（年齢階級別内訳）

年齢	合計特殊出生率						対前年増減	
	1985年	1995年	2005年	2011年	2012年	2013年	2012-2011年	2013-2012年
総数	1.76	1.42	1.26	1.39	1.41	1.43	0.02	0.02
15〜19歳	0.0229	0.0185	0.0253	0.0227	0.0219	0.0221	−0.0008	0.0002
20〜24	0.3173	0.2022	0.1823	0.1710	0.1607	0.1555	−0.0103	−0.0052
25〜29	0.8897	0.5880	0.4228	0.4349	0.4325	0.4298	−0.0024	−0.0027
30〜34	0.4397	0.4677	0.4285	0.4836	0.4916	0.5016	0.0080	0.0100
35〜39	0.0846	0.1311	0.1761	0.2390	0.2525	0.2677	0.0135	0.0152
40〜44	0.0094	0.0148	0.0242	0.0408	0.0448	0.0486	0.0040	0.0038
45〜49	0.0003	0.0004	0.0008	0.0011	0.0012	0.0013	0.0001	0.0001

注）年齢階級別の数値は各歳別出生率を合計したものであり、15歳及び49歳にはそれぞれ14歳以下、50歳以上を含んでいる。
資料）厚生労働省『平成26年人口動態統計月報年計（概数）の概況』より作成。

き方が可能なことや、多様な保育サービスの普及が挙げられる。日本もフランスの取り組みを見習うべきだろう。

「希望出生率」を実現するためには、まず若年世代が希望どおりに結婚し、子どもを産み、育てられるような経済的基盤を有していることが必要となる。二〇歳代で独身ならば三〇〇万円以上、三〇歳代後半ならば夫婦で五〇〇万円以上の年収が「安定的」に確保されていることを目標とする「若者・結婚子育て年収五〇〇万円モデル」を作成し、目標年次（たとえば二〇二五年）までの実現を図ることが求められる。そのためには、非正規雇用など結婚するうえで厳しい環境にある若年世代の雇用安定化を目的とした施策を推進しなければならない。

表2　都道府県別の合計特殊出生率と自然増減数（2013年）

（単位：人）

都道府県	合計特殊出生率	出生数	死亡数	自然増減数
総数	1.43	1,029,762	1,266,973	−237,211
北海道	1.28	38,190	59,432	−21,242
青森県	1.40	9,126	17,112	−7,986
岩手県	1.46	9,231	15,969	−6,738
宮城県	1.34	18,949	22,214	−3,265
秋田県	1.35	6,177	14,824	−8,647
山形県	1.47	8,159	15,029	−6,870
福島県	1.53	14,546	23,611	−9,065
茨城県	1.42	22,358	30,368	−8,010
栃木県	1.43	15,588	20,591	−5,003
群馬県	1.41	14,732	21,661	−6,929
埼玉県	1.33	57,470	60,264	−2,794
千葉県	1.33	48,343	53,603	−5,260
東京都	1.13	109,986	110,507	−521
神奈川県	1.31	74,320	72,970	1,350
新潟県	1.44	17,066	28,383	−11,317
富山県	1.43	7,722	12,547	−4,825
石川県	1.49	9,449	12,223	−2,774
福井県	1.60	6,461	8,764	−2,303
山梨県	1.44	6,198	9,441	−3,243
長野県	1.54	16,326	24,303	−7,977
岐阜県	1.45	16,000	21,518	−5,518
静岡県	1.53	30,260	38,393	−8,133
愛知県	1.47	66,825	62,395	4,430
三重県	1.49	14,514	19,690	−5,176
滋賀県	1.53	13,015	12,233	782
京都府	1.26	20,106	25,332	−5,226
大阪府	1.32	72,054	81,864	−9,810
兵庫県	1.42	45,673	54,366	−8,693
奈良県	1.31	10,190	14,029	−3,839
和歌山県	1.52	7,122	12,773	−5,651
鳥取県	1.62	4,759	7,270	−2,511
島根県	1.65	5,534	9,572	−4,038
岡山県	1.49	16,210	21,199	−4,989
広島県	1.57	24,713	29,358	−4,645
山口県	1.56	10,705	18,459	−7,754
徳島県	1.43	5,666	10,014	−4,348
香川県	1.59	8,059	11,512	−3,453
愛媛県	1.52	10,696	17,480	−6,784
高知県	1.47	5,266	10,244	−4,978
福岡県	1.45	45,897	49,456	−3,559
佐賀県	1.59	7,276	9,640	−2,364
長崎県	1.64	11,566	17,225	−5,659
熊本県	1.65	15,954	20,237	−4,283
大分県	1.56	9,605	13,874	−4,269
宮崎県	1.72	9,854	12,906	−3,052
鹿児島県	1.63	14,637	21,162	−6,525
沖縄県	1.94	17,209	10,956	6,253

注）合計特殊出生率の分母に用いた人口は、全国は各歳別日本人人口、都道府県は5歳階級別総人口。

資料）厚生労働省『人口動態調査』より作成。

表3　都道府県別にみた女性の人口と年齢別構成比（2013年）

都道府県	人口総数	女性の人口総数	女性の年齢別人口			女性人口の年齢別構成比		
			0〜14歳	15〜49歳	50歳以上	0〜14歳	15〜49歳	50歳以上
	（千人）	（千人）	（千人）	（千人）	（千人）	（%）	（%）	（%）
合計	128,374	65,785	8,178	27,107	30,500	12.4	41.2	46.4
北海道	5,465	2,882	314	1,110	1,455	10.9	38.5	50.5
青森県	1,372	722	81	260	381	11.2	36.0	52.8
岩手県	1,314	684	79	243	361	11.6	35.5	52.8
宮城県	2,319	1,191	147	488	555	12.4	41.0	46.6
秋田県	1,076	569	58	186	325	10.1	32.7	57.1
山形県	1,156	601	70	211	319	11.7	35.1	53.0
福島県	1,980	1,015	123	375	517	12.1	36.9	50.9
茨城県	2,997	1,499	191	604	704	12.7	40.3	47.0
栃木県	2,011	1,011	129	407	474	12.8	40.3	46.9
群馬県	2,023	1,024	131	408	486	12.8	39.8	47.4
埼玉県	7,272	3,624	466	1,587	1,571	12.9	43.8	43.4
千葉県	6,240	3,123	395	1,341	1,387	12.7	42.9	44.4
東京都	13,143	6,650	752	3,158	2,740	11.3	47.5	41.2
神奈川県	9,084	4,532	583	2,031	1,919	12.9	44.8	42.3
新潟県	2,361	1,217	142	450	624	11.7	37.0	51.3
富山県	1,095	566	67	212	288	11.8	37.4	50.8
石川県	1,163	602	77	237	288	12.7	39.4	47.9
福井県	811	418	54	161	203	12.9	38.4	48.6
山梨県	864	441	54	172	215	12.2	39.0	48.8
長野県	2,166	1,111	140	418	552	12.6	37.6	49.7
岐阜県	2,103	1,081	140	428	513	12.9	39.6	47.5
静岡県	3,809	1,930	247	765	918	12.8	39.7	47.6
愛知県	7,463	3,727	520	1,636	1,571	14.0	43.9	42.1
三重県	1,872	959	123	380	456	12.8	39.6	47.6
滋賀県	1,419	720	103	306	311	14.3	42.5	43.2
京都府	2,587	1,345	163	556	627	12.1	41.3	46.6
大阪府	8,874	4,574	571	1,983	2,019	12.5	43.4	44.1
兵庫県	5,660	2,941	372	1,220	1,349	12.7	41.5	45.9
奈良県	1,405	736	88	295	352	12.0	40.1	47.8
和歌山県	1,017	535	62	199	274	11.5	37.2	51.2
鳥取県	589	308	38	112	158	12.2	36.4	51.3
島根県	713	373	44	127	201	11.9	34.1	53.9
岡山県	1,946	1,009	128	395	486	12.7	39.2	48.2
広島県	2,874	1,485	190	593	702	12.8	40.0	47.3
山口県	1,447	763	88	269	405	11.6	35.3	53.1
徳島県	785	411	46	151	213	11.3	36.8	51.8
香川県	1,011	524	65	199	260	12.5	38.0	49.5
愛媛県	1,440	759	89	279	391	11.7	36.8	51.5
高知県	756	401	44	140	217	10.9	34.9	54.1
福岡県	5,105	2,683	341	1,109	1,233	12.7	41.3	45.9
佐賀県	853	450	59	169	221	13.2	37.7	49.1
長崎県	1,427	758	92	274	392	12.2	36.1	51.7
熊本県	1,825	964	121	358	484	12.6	37.1	50.2
大分県	1,199	631	75	230	326	11.9	36.5	51.6
宮崎県	1,142	603	77	218	308	12.7	36.2	51.1
鹿児島県	1,701	903	113	326	463	12.5	36.1	51.3
沖縄県	1,438	730	124	321	285	16.9	44.0	39.1

注）年齢階級別の外国人数が非公表となる市区町村がある場合や年齢不詳者がある場合は、年齢階級ごとの合計と総数が一致しないことがある。

資料）総務省『住民基本台帳に基づく人口、人口動態及び世帯数調査』より作成。

表4　都道府県別にみた女性の年齢別転入超過数（2013年）

（単位：人）

都道府県	総数（男女計）	女性			
		総数	0～14歳	15～49歳	50歳以上
北海道	−8,154	−4,074	−49	−3,982	−43
青森県	−6,056	−3,237	−117	−2,878	−243
岩手県	−2,431	−1,771	92	−1,788	−75
宮城県	4,656	1,361	590	623	148
秋田県	−4,595	−2,433	28	−2,259	−202
山形県	−4,081	−2,191	−102	−2,039	−50
福島県	−5,200	−3,919	−130	−3,389	−400
茨城県	−5,138	−2,762	131	−3,419	526
栃木県	−1,463	−1,090	39	−1,364	235
群馬県	−2,434	−1,479	55	−1,823	290
埼玉県	11,554	6,203	1,315	3,251	1,638
千葉県	2,442	1,386	−88	470	1,004
東京都	70,172	37,929	−609	42,479	−3,944
神奈川県	12,356	8,798	−540	8,829	509
新潟県	−5,132	−2,872	34	−2,741	−164
富山県	−1,354	−965	17	−953	−29
石川県	−782	−794	−133	−610	−51
福井県	−2,055	−1,108	−20	−1,012	−76
山梨県	−2,321	−1,173	−24	−1,264	114
長野県	−2,690	−1,264	45	−1,891	583
岐阜県	−4,812	−2,543	229	−2,647	−125
静岡県	−6,892	−3,867	−652	−3,408	193
愛知県	7,891	2,375	−644	3,191	−172
三重県	−3,226	−1,994	−116	−1,783	−95
滋賀県	−143	165	165	−118	118
京都府	−1,973	−383	−143	−228	−12
大阪府	3,377	3,006	−952	4,941	−983
兵庫県	−5,214	−1,617	252	−1,877	8
奈良県	−2,781	−1,125	334	−1,508	48
和歌山県	−2,505	−1,430	54	−1,395	−88
鳥取県	−1,683	−855	−24	−838	7
島根県	−1,347	−742	−3	−702	−37
岡山県	−723	−541	4	−703	158
広島県	−2,953	−1,779	−247	−1,396	−136
山口県	−3,187	−1,987	21	−1,984	−24
徳島県	−1,694	−949	−19	−939	9
香川県	−998	−599	−86	−531	18
愛媛県	−3,148	−1,861	4	−1,808	−57
高知県	−1,780	−1,102	25	−1,103	−25
福岡県	5,825	3,721	764	2,316	643
佐賀県	−1,743	−861	111	−1,054	82
長崎県	−5,892	−2,763	−15	−2,511	−237
熊本県	−2,683	−1,560	48	−1,803	195
大分県	−2,562	−1,572	−106	−1,628	162
宮崎県	−2,740	−1,435	198	−1,628	−5
鹿児島県	−3,739	−2,208	138	−2,485	139
沖縄県	31	−39	126	−611	446

注1）数値がプラスであれば転入者数の方が転出者数より多いことを示し，マイナスであれば転出者数の方が転入者数より多いことを示す。

注2）総数は年齢不詳を含むため，年齢階級ごとの合計が一致しないことがある。

資料）総務省『住民基本台帳人口移動報告』より作成。

＊注1

希望出生率の算出式

希望出生率＝［（既婚者割合×夫婦の予定子ども数）＋（未婚者割合×未婚結婚希望割合×希望子ども数）］×離別等効果

一・八≒［（三四％×二・〇七人）＋（六六％×八九％×二・一二人）］×〇・九三八

近年、夫婦の「理想子ども数」は二・四〜二・六程度、「予定子ども数」は二・一〜二・二程度で、ある程度安定して推移してきた。一方、実際の夫婦の完結出生児数（結婚して一五〜一九年経った夫婦の平均出生子ども数を指し、実際に夫婦から生まれた子どもの平均数といえる）は二〇〇五年調査までは二を少し上回る水準で推移し、二〇一〇年調査では一・九六にとどまっている。こうした現状を踏まえ、ここでは「予定子ども数」を算出に用いている。

＊注2（出題者による注、注1の「離別等効果」の説明）

「離別等効果」とは、離婚や死別、再婚などを経験した女性の出生動向に関する値である。これらを経験した女性の出生数は、初婚の女性に比べて低い傾向にあるとされる。

＊注３（出題者による注、「出生率」の一般的説明）
「出生率」は、ここでは合計特殊出生率と同義のものとする。合計特殊出生率とは、「一五歳から四九歳までの女性の年齢別出生率を合計したもので、一人の女性が一生の間に生む子どもの数」（厚生労働省）として用いられている。

問１　表１～４のデータ全体を通して読み取れる、出生率に関連する事柄や特徴について、特色のある都道府県にもふれながら４００字以内でまとめなさい。

問２　希望出生率を実現するために、どのようなことが必要か、文章や表にもとづいて６００字以内であなたの考えをまとめなさい。

（山口大学・経済学部、２０１７年度　設問一部改変）

解説

課題文の読み取りと問1の解説

課題文は、まとまった主張を述べているわけではありません。「少子化を止めるには、希望出生率（国民の希望する出生率）の実現が必要」と述べたうえで、夫婦が希望通りに子どもをつくれない要因にいくつか触れ、「若者が結婚して子どもを産み、育てられるような安定した収入を保障するために、若者の雇用の安定化を図るべきだ」と述べています。

問1は、**「出生率に関連する事柄や特徴」について、4つの表から読み取れることをまとめる問題**です。

表1からは、**ここ30年ほどで出生率が0・3以上も落ちた**こと、**年齢別では20代が半減しているのに対し、30代以降はむしろ増え、とくに30代後半以降の出産が激増している**ことがわかります。

表2〜4では、大まかにいえば、東京や大阪などの都市部とそれ以外の地方との数値を比べてみるといいでしょう。

人口が違うので、実数を比べてもあまり意味がありません。

そこで、表2では出生率、表3では女性人口の年齢別構成比にとくに注目してみましょう。

すると、表2では、出生率が最も高いのは沖縄、最も低いのが東京であり、大まかにいえば地方ほど出生率が高いことがわかるでしょう。

一方、表3からは、沖縄を除いて15~49歳（子どもを産む可能性のある年代）の女性の割合は地方ほど低いこと、表4からも、東京や大阪などの都市部を除いて、地方ではその年代の女性は地元を出て行くことが多いことがわかります。

以上をまとめると、

「30代後半以降の出産が増えている一方で、出生率全体は下がっている」

「出生率が落ちているのは、地方ほど出生率が高いにもかかわらず、若い女性が地方から都市部へと転出して少なくなっているから」

という2点になるでしょう。

「特色のある都道府県にもふれながら」とありますが、東京や沖縄などに一言ふれておけば十分でしょう。

４００字と、字数が多いので、**まず各図表の読み取りをそれぞれ説明したうえで、段落を変えて、最後に全体として言えることをまとめる**といいはずです。

問2の解説

希望出生率を実現するために必要なことを、文章や表にもとづいて論じることが求められています。

課題文では、希望出生率を実現するための対策として、若者の雇用の安定化が提案されていました。表２～４を見ると、それに加えて、地方と都市部の違いを踏まえて考える必要があることがわかるでしょう。

表２～４からわかるのは、**都市部に比べて地方ほど出生率が高いにもかかわらず、地方では出産可能な年齢の女性が転出することが多く、比率としても低くなっている**ことです。

いくら地方の出生率が高くても、若い女性の割合が低ければ、出生数は少ないままです。

希望出生率を実現するには、この**都市部と地方との不均衡を改善することが大きな**

ポイントになるはずです。

若い女性（夫婦）が地元を離れず、そのまま就職して結婚すれば、出生数も増えると考えられます。

ただ、そもそも若者が地方から都市部に移動するのは、地方に安定した収入が得られる仕事が少ないからです。そこで、**地方の経済を活性化させて、若者が仕事を見つけられるようにすることが必要**になります。

一方、「都市部の出生率を上げる」という方向で考えることも、もちろん可能です。

都市部では、仕事はあっても、子育てと仕事の両立が難しかったり、高い教育費などが出産の障害になります。

そのため、課題文でも触れられているように、**育児と仕事の両立を可能にする制度やサービスが充実すれば、出生率の改善につながる**と考えられます。

「対策を考える問題」の書き方を応用して、**第1部で課題文と図表の読み取りを簡単にまとめたうえで、自分の考える対策をズバリ示す**といいでしょう。

第1部がやや長めになるはずですが、その点は問題ありません。

問2の構成メモの例

A「地方の若者が地元で仕事を見つけられるようにすべき」という意見

1　希望出生率を実現するために、私は、地方の若者が地元で仕事を見つけられるようにするべきだと考える。

2　確かに、都市部の出生率を上げることを考えるほうが現実的かもしれない。しかし、長期的に考えると、都市部と地方の人口の不均衡を改善するほうが、出生率を上げるのに効果的だ。

3　地方ほど出生率が高いにもかかわらず、地元に仕事がないために、都市部に転出する若者が多い。地方で安定した収入が得られる仕事が見つけられれば、若者も地元でそのまま就職し、安心して結婚・出産できるだろう。そこで、地方の経済を活性化させ、若者が職に困らないようにすることが、希望出生率の実現には必要だと考えられる。

4　このように、私は地方の経済を活性化させ、地方の若者が地元を離れる必要がないようにするべきだと考える。

B「育児と仕事の両立を可能にする制度やサービスを充実させるべき」という意見

1 希望出生率を実現するために、私は、育児と仕事の両立を可能にする制度やサービスをもっと充実させるべきだと考える。

2 確かに、地方の若者の転出を防ぐことも必要かもしれない。しかし、地方経済の改善が難しい以上、都市部の出生率を上げることを考えるほうが現実的だ。

3 都市部は若者が多いにもかかわらず、地方に比べて出生率が低い。その要因としては、仕事があっても、育児と仕事の両立が難しいことが大きい。そのため、育児休業制度を充実させたり、保育サービスを受けやすくするなど、育児と仕事の両立がやりやすくなるように企業や行政がサポートすることが必要だ。そうすれば、もっと出生率も上がるはずだ。

4 このように、私は、育児と仕事の両立がしやすい環境づくりが必要だと考える。

解答例

問1

表1からは、ここ30年ほどで出生率が0・3以上も落ちたこと、年齢別では20代が半減しているのに対し、30代以降はむしろ増え、とくに30代後半以降の出産が激増していることがわかる。表2によれば、出生率が最も高いのは沖縄、最も低いのが東京であり、大まかにいえば地方ほど出生率が高い。一方、表3では、沖縄を除いて15〜49歳（子どもを産む可能性のある年齢）の女性の割合は地方ほど低く、表4からも、東京や大阪などの都市部を除いて、地方ではその年代の女性は地元を出て行くことが多いことがわかる。

以上をまとめると、「30代後半以降の出産が増えている一方で、出生率全体は下がっている」「出生率が落ちているのは、地方ほど出生率が高いにもかかわらず、地方から都市部へと出産可能な年齢の女性が流出しているから」という2つの点が言えるだろう。

問2

課題文は、「希望出生率を実現するには、若者が安心して結婚・出産・育児ができるように、雇用の安定化を図るべきだ」と述べている。だが、表を見て気づくのは、地方は出生率が高いにもかかわらず、出産可能な年齢の女性が少ないというギャップだろう。その点を踏まえて、私は、地方の若者が地元で仕事を見つけられるようにするべきだと考える。

確かに、都市部の出生率を上げることを考えるほうが現実的かもしれない。都市部のほうが若い女性が多く、彼らの出生率を上げることが、全体の出生率の底上げにつながるからだ。しかし、長期的に考えると、都市部と地方の人口の不均衡を改善するほうが、出生率を上げるのに効果的だ。

地方の若者が都市部に転出するのは、地元に仕事がないからだ。地方で安定した収入が得られる仕事が見つけられれば、若者も地元でそのまま就職し、安心して結婚・出産できるだろう。そこで、地方の経済を活性化させ、若者が職に困らないようにする必要がある。地元を離れる必要がなければ、地方で出産・育児をする若い夫婦が増え、全国的な出生率も上昇する。長い目で見ると、そのほうが希望出生率の実現に近づくはずだ。

このように、私は地方の経済を活性化させ、地方の若者が地元を離れる必要がないようにするべきだと考える。

第 6 章

多設問の問題は、どう書けばいい？

この章では、複数の設問がつくタイプの問題について説明しましょう。

第2章で示したように、このタイプは、「要約問題や説明問題＋小論文」というパターンがほとんどです。また、なかには、複数の設問がすべて要約・説明問題というケースもあります。

どちらのパターンでも、**要約問題や説明問題が必ず出題されます**。

そこで、次に、要約問題と説明問題の書き方を説明しておきましょう。

1 要約問題の書き方、2つの注意点と3つのルール

要約問題というのは、課題文の主張や論旨を決められた字数でまとめる問題です。

たいていは課題文全体の要約が求められますが、課題文の内容の一部だけまとめる場合もあります。

要約問題を書くときには、次の2点に注意しましょう。

①課題文が読み取れていることを示すつもりで書く

学校がわざわざ要約問題を出すのは、課題文を正しく理解できているかどうかを見るためです。

したがって、**要約文は、自分が課題文を読み取れていることを示すつもりで書く必要があります**。課題文の文章をそのまま引き写したり、課題文のごく一部（最後の段落など）だけを説明しても、正しく答えたことにはなりません。

②要約文だけで意味が通じるように書く

また、**要約文は、あくまでも課題文とは独立した文章**です。

課題文の内容がちゃんとわかっていれば、課題文を読んでいない人にもわかるように書けるはずです。

つまり、**要約文だけで意味が通じるように書く必要がある**わけです。

この2点を実現するためにも、次の3つのルールを守ってください。

①「筆者は……と言っている」などといちいち書かない

要約文というのは、あくまで課題文の筆者になりかわって書くのが原則です。そうすることで、課題文とは独立した文章になります。

第一、いちいち「筆者は……と言っている」などと書いていると、くどくて読みにくいし、字数が長くなってしまいます。

②キーワードはそのまま使う

課題文のテーマが正しく読み取れていることを示すためにも、**課題文のキーワードはそのまま使いましょう**。

キーワードを言い換えてしまうと、「正しく読み取れていない」とみなされる恐れがあります。

まとめ

要約問題を書くときの2つの注意点

①課題文が読み取れていることを示すつもりで書く
②要約文だけで意味が通じるように書く

要約問題を書くときに守るべき3つのルール

①「筆者は……と言っている」などといちいち書かない
②キーワードはそのまま使う
③キーワード以外はわかりやすく言い換える

③キーワード以外はわかりやすく言い換える

②とは逆に、**キーワード以外の文章はできるだけわかりやすく言い換える**ことが大切です。

課題文から重要そうな文や表現を抜き取って並べるだけでは、課題文の内容がわかっていないとみなされます。**難解な課題文の場合はとくに、きちんと自分の言葉に置き換えて書くことが重要**です。

そうすることで、課題文の内容を自分のものとして消化できていることをアピールできます。

2 説明問題の書き方

多設問での説明問題は、たいてい、課題文中のキーワードや文などについての説明が求められます。

「課題文で言われている○○とはどんなものか説明しなさい」

「課題文の傍線部について、筆者の言いたいことを説明しなさい」

といった問題です。あるいは、

「傍線部について、具体例を書きなさい」

「筆者の指摘する○○について、ほかにどんな問題点があるか説明しなさい」

などのようなパターンもあります。

その場合、**「①課題文が読み取れていれば答えられるタイプ」**と**「②ある程度テーマについての知識がないと答えられないタイプ」**があります。

①は「読解力」、②は「背景などの知識」がおもに試されていると言えます。

とはいえ、①のタイプも、知識がないと正確には答えられない点は同じです。

説明問題は、ほとんどの場合、１００～３００字程度の字数のものが多いので、二部構成の「A型」「B型」を応用して、次のような書き方をすると便利です。

★「A型」の応用

第1部　問題への答えをズバリ書く

第2部　背景や問題点、具体例などをくわしく説明する

★「B型」の応用

第1部　現状や背景、具体例などをくわしく説明する

第2部　結論として、問題への答えを書く

短い字数の小論文と同様、基本は「A型」を使ってください。

ただし、３００字程度の長めの説明問題の場合は、最初に現状や歴史的背景などを説明してからまとめるほうが書きやすいことがあります。

また、図表の読み取り問題などは、最初に図表のデータから読み取れることをくわしく説明したうえで、そこから言えることを最後にまとめるほうがうまくいくでしょう。そうした場合には、「B型」を使うといいはずです。

A

「『日本的経営』について、200字以内で説明しなさい」という問題への解答例

「終身雇用制」「年功序列賃金制」「企業別組合」の3つを特徴とする、かつての日本の企業に特徴的な企業経営の形態をいう。社員は新卒で就職した会社に定年まで勤め上げ、会社は定年までその社員の面倒を見ることで、社員の忠誠心を引き出す仕組みになっている。特定の職務に専念させるのではなく、さまざまな職務を経験させながら社員を熟練させていくのも、特徴のひとつである。

まとめ

説明問題の2つのタイプ

・課題文が読み取れていれば答えられるタイプ
　→ 読解力が必要
・テーマについての知識がないと答えられないタイプ
　→ 背景などの知識が必要

例題1

次の文章を読んで、あとの設問に答えなさい。

自動車、飛行機、電力網、原子力、電話、無線通信、人工衛星、テレビ、コンピューターからインターネットまで、19世紀後半から20世紀にかけて生まれたイノベーションを並べると、何よりその進化のスピードに驚く。

例えば、ライト兄弟が布張りの１人乗り木製複葉機を初めて飛ばした１９０３年から、全金属低層単葉という近代的な４人乗り旅客機ユンカースF・13が初飛行した１９１９年まで、たったの16年。20世紀の最初に生まれた人にとって、生まれてから死ぬまでの世界の変化は、それ以前の歴史で言えば何十世代にも及ぶめまぐるしいものだっただろう。

それに比べると、21世紀に入ってからの科学技術の進歩は小粒というか、世界の風景を変えるようなものがないのは確かだ。私の子供時代の科学雑誌の挿絵に比べれば、いまだに自動車は空を飛んでいないし、ビルの間にかかる透明チューブの中を走る浮揚列車もない。せっかく21世紀になったというのに車輪型宇宙ステーションへの出張に行くための定期運行シャトルもないし、当然恒久月面基地も予定すらない。

しかし、20世紀の人が見ても大して代わり映えのしない通勤電車の中では、半数以上の人が小さな板を持って指でなぞっている。何かの儀式かと思うくらいだ。最初のｉＰｈｏｎｅの登場が２００７年だから、電車で半数以上の人がスマートフォンを使っている状況まで5年もかからなかったという、その普及率の伸びは十分に驚嘆に値する。

私の専門の情報通信技術分野で言えば、他にもクラウドコンピューティングからビッグデータ処理、グリッド・コンピューティング、ディープラーニングまで、直接目には見えなくても、21世紀になって多くのイノベーションが生まれており、それが人の7倍で成長するドッグイヤーならぬ18倍のマウスイヤーで進歩している。

大きな進歩は主に情報の世界で起こっているのだ。21世紀になって科学技術の進歩が小粒になったのではなく、変化が起こっているのがいわば画面の中だから、実世界はあまり変わっていないように見えているだけだ。

そして、もうひとつ、20世紀のイノベーションが目覚ましく見えるとしたら、それは「戦争の世紀」だったから、ということだ。悲しい現実だが戦争は確実にイノベーションを生み、そして何より加速する。誤解があるようだが、戦争の危機感により科学技術が研究開発段階で大きく加速するというのは間違いだ。大きな違いはむしろ、それの実用化のステップ、すなわち社会への出口にある。航空機は典型だが、安全審査、予算制約、労使問題、既得権益まで、イノベーションを社会に出すときに足を引っ張る多くの制約は、戦時には「敵より少しでも先に」との危機感で、戦時特例として素早くクリアできてしまう。

その戦争のなごりの冷戦が、核攻撃下でも生存可能な、すなわち打たれ強い「中心を持たない自己組織的なネットワーク」としてインターネットを生み育てた話も有名だ。

インターネットは、まさに「イノベーション＝破壊的創造」の典型。オープン参加型でエラスティック（伸縮自在で透過的）だがベストエフォート（努力はするが保証はできない）というその特性は、それ以前に主流だったクローズだがギャランティ（性能保証）というVAN（付加価値通信網）の存在を真っ向から否定するものだった。もしインターネットが民間から生まれていたら、研究が社会に出るまでの障害、いわゆる「死の谷」を越えられたとは到底思えない。

冷戦から生まれたインターネットが商用開放され、イノベーションの豊かな温床となることで、21世紀の情報世界では連鎖反応的にイノベーションが盛んに生まれ、その成長スピードはまさにマウスイヤーだ。例えば、ハーバード大の一学生が2004年に学生寮の一室で始めたサービスが、たった7年で時価総額評価で航空機産業の雄、米ボーイング社を追い抜くなど、20世紀のビジネス常識から見ればありえなかったことだ。そのフェイスブックの急成長も、デジタル通信コストを果てしなく引き下げたインターネットの存在なしにはありえなかった。

航空機のような事故を起こせば人が死ぬ実世界でのイノベーションに比べ、情報世界でのイノベーションは人の死に直結する可能性は低い。そのため、平時のイノベーションに対する制約として最も強い「安全」というハードルが、情報世界では最初から低い。戦時でなくても社会への出口の制約が小さいことが、21世紀のイノベーションが画面の中がメインのように見える大きな理由だと思う。

しかし、IoT(注)は情報世界のイノベーションであるが同時に、実世界にも影響をあたえる。米国ですら「安全」が問題指摘されているくらいだ。そしてその平時のハードルについて、英米に対し、日本はさらに大きなハンディを抱えている。法律には大きく分けて大陸法と英米法という２つの基本設計方式がある。ここで日本は大陸法である。大陸法はできる限り法律で決めるのが基本で、法律に「やっていいこと」を書き、書かれていないことは基本やってはいけない。これを「ポジティブリスト」方式と呼ぶ。米国の英米法は逆で法律は最小限。法律に書かれているのは「やってはいけない」最小限のことで、これを「ネガティブリスト」方式と呼ぶ。そして決めていないことで問題が発生した時点で、裁判により事後判断し、それが以後の判例法になる。

　例えばインターネット経由で外部から大型家電の運転をオンにする機能は、２０１２年パナソニックがエアコンの開発競争でフライングを起こした結果、行政指導「的」電話一本で削除になった。その顛末で確信犯的に議論を引き起こしたおかげで、規定ができ、近年やっとある程度の解禁になったとはいえ、米国ではそもそもそんな議論は起こっていない。

　１９６２年にできた日本の電気用品安全法には、当然なことにインターネットに関する規定はない。だから使ってはいけない。法律に書かれていないから使えない日本と、ないから使える米国。イノベーションを素早く社会に出すにあたり、英米法と大陸法のどちらが適しているかは明らかだろう。

インターネット経由での外部からの大型家電の運転オンは、P社製のエアコンをその家の家人がスマートフォンのP社アプリから明示的に指示する。その意味では単なる「ネット経由リモコン」だ。しかし、IoTで考えるのは、A社のセンサーがとらえた実世界の状況を、B社のクラウドが判断し、C社のエアコンやD社の自動開閉窓に指示を送るような世界だ。

その世界でトラブルがあった場合の責任問題は簡単ではない。

まさにインターネットと同様にクローズでなくオープンだから実現できる世界だが、やはりインターネットと同様に、単一主体によるギャランティが不可能でベストエフォートの世界だ。単なる「ネット経由リモコン」でも大騒ぎになる日本では、これを越えるには相当にハードルが高いことが予想される。

しかし振り返ってみれば、オープンでベストエフォートで便利だが、だれも究極のギャランティをしてくれないのは道路交通網も同じ。「安全」という意味では、毎年4000人以上の死者を出しながら、日本社会に未だに許容されている最大のベストエフォートのシステムだ。

完全なゼロリスクは無理でも、道路交通法や保険など各種の制度で補完して社会的コンセンサスをつくることができれば、日本でもオープンでベストエフォートな実世界システムは不可能ではない。しかし、ゼロリスクでない限り（ほんの少しでもリスクがあれば）イノベーションを受け入れないとするなら、IoTは社会への出口を失う。IoTとは名前の通り「Internet of Things」であり、そもそもインターネットのようにオープンでベストエフォートでありながら、インターネットと異なり実世界に大きく影響するシステムだからだ。

今後、ネット経由での運転オンやその先にあるネット経由でのセンサーデータ集約によるビッグデータ処理、さらには人工知能の状況判断による機器の最適制御のように、情報世界と物理世界の接点はますます広がる。その接点こそがIoTであり、次世代の世界的イノベーション競争の場だ。その意味では今話題のロボットも自動運転もIoTの一部、逆に言えば、IoTは社会全体のロボット化ということもできる。

エアコンくらいは問題がなくても、自動車の自動運転では情報世界の変更が人の死に直結しかねない。だからこそ、米国も情報世界だけのイノベーションよりスピードは遅くなっている。日本より対応は早いし、大量の試験走行をグレーな状態で行って容認されたとはいえ、米国で自動運転車がネバダ州の公道免許を取るまでに、さすがのGoogleですら1年7ヵ月「も」かけているのだ。

成長余地が少なくなった先進国では、経済成長の鍵はイノベーションしかない。とはいえ、そのために戦争を願う訳にはいかない。そこで、またも英米は素早く対応を始めている。十分にイノベーションで優位にあるはずの英米でも、社会のロボット化は大きな問題であり、そのための哲学的議論を始めている。

例えば、自動運転車における道徳哲学で言うところの「トロッコ問題」、そのまま進めばひとりの子供を轢《ひ》くが、ハンドルを切れば搭乗者が確実に死ぬようなケースだ。問題になるのは、人工知能の反射反応が遅いことではない。むしろ状況を人間以上に正確に捉え冷静に判断できるからこそ、その優先順位を曖昧にせず出荷前に明文化したり、搭乗前に設定しなければいけない。はっきりいって、そういう哲学議論はどうせ答えも出ないし、日本的には曖昧にしたいところだ。しかし、そういう問題を曖昧にせず突き詰める知的なタフさが確かに欧米にはある。

その哲学の次には、生活の中で使われる技術なので制度や法律の対応も重要になる。道路にタグを付けようとすると法律があるし、ロボットが街中で歩くようにするにも法律を変えないといけない。IOTをオープンな社会に出すにはテクノロジーだけではなく法律も素早く対応させることが重要になってくる。そのあたりは政治家の出番だろう。

イノベーションを起こすには、技術だけでなく、制度やものの考え方といった文系的な力もあわせ持つことが重要なのだ。粘り強く議論を続け、ゼロリスクの罠に陥らず、IOT社会に向けた大改革ができるかどうかが問われている。IOTを社会規模で実装して、全体としての高効率化や、安全性向上と個々の利便性の向上の両立という果実を得るのに必要なものは、技術や生産設備よりむしろそういう社会の強靭《きょうじん》性なのだ。

（坂村健『IOTとは何か』による。ただし、出題に際して原文の一部を改めた。）

（注）「モノのインターネット」（Internet of Things：IoT）とは、パソコン類以外のモノがインターネットに接続され、情報交換することにより相互に制御する仕組みのことをいう。簡単に言えば、身の回りのあらゆるモノがインターネットにつながる仕組みのことであり、社会のさまざまな分野での活用が期待されているところから、「社会全体のロボット

化」ともいわれる。

設問1　筆者が考える20世紀と21世紀の科学技術の進歩（イノベーション）の違いについて、２５０字以内で述べなさい。

設問2　「平時のハードルについて、英米に対し、日本はさらに大きなハンディを抱えている」とは、具体的にどういうことを指すのでしょうか。２００字以内でわかりやすく説明しなさい。

設問3　筆者は、ＩｏＴ社会の実現のために、今後何が必要だと言っていますか。２００字以内で述べなさい。

設問4　あなた自身は、ＩｏＴ社会（社会全体のロボット化）について、どのように考えますか。３５０字以内で論じなさい。

（北九州市立大学・経済学部、２０１７年度）

解説

課題文の読み取り

課題文は、**20世紀と21世紀のイノベーションの違いを説明したうえで、IoT社会の実現に向けて何が必要かを論じた文章**です。

キーワードは**「IoT（社会）」**。

ＩｏＴ（モノのインターネット）については、課題文の注でも説明されていますが、例としてわかりやすいのは、**「IoT家電」**といわれるものでしょう。

スマートフォンに専用アプリをインストールすることで、外出先からもテレビやエアコンを操作できます。

スマートスピーカーは、話しかけるだけで家電を操作したり、音楽を聴いたり、知りたい情報を教えてもらったりできます。

その延長上に、ひとつの街がインターネットとつながって、インフラを効率的に管理・運営する、スマートシティなどの構想もあります。

ちなみに、筆者は、**IoTを「情報世界と物理世界の接点」**と呼んでいますが、これは**モノ（物理）がインターネット（情報）につながる、またはモノ同士がインターネットを通してつながる**というイメージで捉えると、わかりやすいでしょう。

筆者が反対しているのは、**リスクを冒したがらないためにイノベーションを起こしにくく、IoT化が進まない日本の現状**です。

つまり、**「IoT化を進めるために、たんにリスクを避けるのではなく、IoT化の基盤となる制度や価値観について、社会全体で粘り強い議論を続けることが必要だ」**と筆者は主張しているわけです。

設問1〜3の解説

設問1・2は説明問題、設問3は要約問題に近い問題です。

設問1では、「筆者が考える20世紀と21世紀の科学技術の進歩（イノベーション）の違い」について説明することが求められています。

課題文の前半が、ほぼその違いの説明に費やされています。

しかし、要点としては、第6段落までとそれ以降の内容、つまり「20世紀の進歩が実世界（物理の世界）で起こっていたのに対し、21世紀の進歩は**情報の世界で起こっ**

ている」と**「20世紀のイノベーションは制約が大きく、戦争によってしか社会化できなかったのに対し、21世紀のイノベーションは情報世界で起こっているので、社会化へのハードルが低い」**とまとめられるでしょう。

以上の2点を、それぞれ簡潔に説明するといいはずです。

設問2は、傍線部「平時のハードルについて、英米に対し、日本はさらに大きなハンディを抱えている」の意味を説明する問題です。

その点は、傍線部を含む段落（第12段落）以降の数段落をよく読むと、読み取れるはずです。

設問3は、「ＩｏＴ社会の実現のために必要なもの」についての筆者の考えを説明する問題です。

課題文の後半はまさにその問題について論じているので、**その部分を要約するつもりで考えるといい**でしょう。

設問4の解説

設問4は、ＩｏＴ社会（社会全体のロボット化）についての自分の考えを論じることが求められています。

「論じなさい」とあるように、字数こそ少ないものの、これは立派な小論文問題なので、**ストレートに、社会のIoT化を進めるべきかどうかを論じるといい**はずです。

ＩｏＴ化のメリット・デメリットについては、課題文ではほとんど触れられていないので、自分で考える必要があります。

とはいっても、個々の機能のメリット・デメリットを列挙しても、意味はありません。

あくまでも、**私たちの生活や社会に、全体としてどんなプラス面・マイナス面をもたらすかを考える必要があります。**

プラス面としては、

「いろいろな手間が省けて効率的になるので、生活にゆとりができ、時間を有効に使える」

「IoT化のための新しい技術や製品が次々に生まれ、経済が活性化する」

「IoTの技術はバリアフリーに活かせるので、高齢者や障がいをもった人の暮ら

しやすい社会になる」

などが考えられます。

マイナス面としては、

「身のまわりのものがすべてインターネットにつながっているので、個人情報が筒抜けになってしまい、プライバシーが侵害される恐れがある」

「生活のすべてをインターネットに依存するので、ネットワークがダウンすると何もできなくなり、社会全体が混乱する」

などがあります。

イエス・ノーの立場を決めて、以上のようなIoTのプラス面かマイナス面をしっかりと説明するといいでしょう。

350字だと、二部構成と四部構成のどちらで書くか迷うところですが、四部構成だとどうしても各部の説明が中途半端になるので、二部構成の「A型」を使うほうが書きやすいでしょう。

解答例

設問1

20世紀と21世紀の科学技術の進歩（イノベーション）の違いとして、次の2点が挙げられる。第一に、20世紀の進歩が実世界（物理の世界）で起こっていたのに対し、21世紀の進歩は情報の世界で起こっている。第二に、本来、イノベーションを実社会で実用化するのは、制約が多いために難しい。20世紀は戦争が多く、そのため社会化へのハードルが低くなったゆえに、数多くのイノベーションが起こった。それに対し、21世紀のイノベーションは情報世界で起こっているので、最初から社会化へのハードルが低い。

設問2

日本と英米では、法律の考え方が異なる。英米が英米法にもとづいて、「法律に書かれていること以外はやってもいい」という考え方なのに対し、日本は大陸法なので、「法律に書かれていないことはやってはいけない」とされている。そのため、日本では、何かイノベーションが起こっても、法律が障害になって、それをすばやく社会化することが難しい。そのため、イノベーションのスピード自体が、どうしても遅くなってしまう。

設問3

日本では、リスクを冒すのを嫌って、なかなかイノベーションが社会に受け入れられない。そのため、社会のＩｏＴ化も、英米ほど進んでいない。だが、成長の余地の少ない先進国では、ＩｏＴ化は経済成長の鍵だ。したがって、社会のＩｏＴ化を進めるために、技術や生産設備を進歩させるだけでなく、ＩｏＴ化の基盤となる社会の制度や価値観についての粘り強い議論を、社会全体で続けることが必要だ。

設問4

Ａ「社会のＩｏＴ化に賛成」の立場

私は、これからも社会のＩｏＴ化を進めるべきだと考える。

ＩｏＴ化が進むと、家電の操作など、これまで手でやっていた面倒な作業を機械に代わってもらい、いろいろな手間が省けるようになる。職場や公共空間でも、人間の判断が必要だった作業を機械に行ってもらえるので、作業が効率的になるだろう。すると、その分、生活にゆとりができ、時間が有効に使えるようになる。自分のために時間を使えるようになるのだ。そうなると、それまで時間がなくてできなかったことができるようになる。趣味を充実させたり、キャリアアップのための勉強もできるだろう。職場においても、もっと創造性やコミュニケーション力の必要な仕事に集中できるはずだ。このように、ＩｏＴ化を進めることで、もっと人間らしい、創造的な生活を送ることが可能になるのだ。

B「社会のIoT化に反対」の立場

私は、社会のＩｏＴ化をこれ以上進めるべきではないと考える。

ＩｏＴ化をするということは、毎日の生活がすべてインターネットを通じてコントロールされるということだ。朝起きてから夜寝るまで、家庭でも学校でも職場でも、インターネットなしでは何もできなくなってしまう。つまり、生活のすべてをインターネットに依存することになる。そうすると、ネットワークに障害が起きてダウンしてしまった場合、私たちは自分では何もできなくなってしまう。インターネットへの依存度が高くなればなるほど、障害が起きやすくなると同時に、ネットワークがダウンした際のダメージは大きくなる。スマートシティなど、街全体がＩｏＴ化している場合など、社会全体が混乱して、正常に生活できなくなってしまう恐れもある。

3 複数の設問が要約・説明問題ばかりのパターンは、どう書けばいい？

経済・経営系の多設問タイプの中には、意見を問う問題（小論文問題）がなく、課題文の要約や用語・背景などの説明だけが求められる場合もあります。

複数の設問のすべてが、要約・説明問題というパターンです。

こうしたパターンは、いわゆる「小論文」ではなく、「社会や理科の記述式問題と同じようなもの」と割り切って取り組む必要があります。

また、１５０字以上の説明問題であれば、「A型」「B型」などの「型」を応用して、論理的にまとめることができるはずです。
そのため、「型」の練習もしっかりとしておきましょう。

例題2

次の文章を読み、以下の設問に答えなさい。

　植物と動物が繁栄する自然の生息地と同様に、シリコンバレーという生息地は、ハイテクベンチャー企業が生き残り、成功するのに必要なすべての資源が、長い時間をかけて有機的に成長してきたものである。シリコンバレーという生息地は、人々、企業そして制度と、それらのネットワークとさまざまな相互作用から成り立っている。そして、自然の生息地のように、複雑で、流動的な、相互依存関係が特徴である。
　シリコンバレー自体が一つの考え方であると言う人がいるが、シリコンバレーは何よりもまず地理的な地域である。シリコンバレーは、北カリフォルニアの１５００平方マイルあまりの細長い地域で、パロアルトを中心として北はサンマテオ郡、南はサンタクララ郡までをカバーしている。

この地域は「産業地区」である。そして、この産業地区という概念は、一世紀以上前に経済学者アルフレッド・マーシャルによって提唱された。彼によると、ある地域内における技術の流出・伝播の結果、そこには同じような仕事をする会社が集まり、群れを作るようになるという。専門の労働者と特殊な中間材に対する同じような需要がこのような地域化の効果を補強する。世界に目を転じれば、スイスの時計、ドイツにおける工作機械、ミラノにおける衣類と家具のデザイン、ノースカロライナの木製家具、シェフィールドのナイフ、バーゼルの医薬品、ババリアの優れたビール等々、多くの企業の群れがある。

こうした(1)集団化のプロセスをスタートさせるきっかけは数多くある。それはつまり、原料の産地（石炭）、物流の利点（港、河川）、動力源（19世紀のニュー・イングランドにおける水力）、あるいは熟練労働者の移住（全国的な産業を起こすのを手伝った偶然の出来事の例として、フランスから追放されたユグノー教徒によるスイスの腕時計産業の発展）などである。いったん産業が起これば、技術（アイデア）の流出、技能の蓄積、生産を補完する要素である利便性、そして多様なフィードバックにより、競争上の優位を保つことができる。シリコンバレーは、そうしたプロセスを経験してきた。それはエレクトロニクス企業に始まり、ＩＴのそれぞれの波で繰り返されるプロセスであった。

それらの集団は、近接性と地域的なものの重要性を強調する。マイケル・ポーターが言うように、「グローバルな経済で競争的優位性を長期的に保持するためには、離れたライバルには対抗できない地域的なもの（知識、関係、動機）がますます重要である」。シリコンバレーは、地域に集結した知識と人間関係の積み重ねから生じた優位性をテコにした地域の代表的な例である。

ほかの産業地区と同様に、②シリコンバレーは基本的には求心力と遠心力の緊張の中で形成されている。ポール・クルーグマンが示唆するように、集中を促進する力には、市場規模の効果（供給者と顧客のためにコストを下げる関係）、厚い労働市場（特に専門技能を要する人間向け）、純粋な外部経済（たとえばアイデアの流出・伝播）が含まれる。取引コストが下がるにつれて企業活動の密度は増加し、ほかの事情が不変ならば、それがさらにコストを下げる。分散を促進する力には、固定要因（土地、遠い市場、外国人労働力）、土地の高い使用料（地域の高い生産性によって上がった）

と純粋な外部不経済（たとえば混雑）が含まれる。

　しかしいくつかの産業では、情報や商品の移動コストの削減（貿易の障壁の削減を含む）のような、分散を促進する力のように思われる発展でさえ、地域への集中をより大きく促進している。逆説的かもしれないが、情報と商品の移動コストの低減により（これがすなわち「グローバリズム」であるが）、企業はその立地場所ゆえの利益を得ることができ、ひいては彼らの競争的地位を改善するために、特化した地域を求めるようになる。１９８０年から99年におけるディスクドライブ産業の構造と組織の急激な変化は、そのよい具体例である。１９８０年には、デザインと製造の多くはアメリカと日本の広い範囲で行われていた。しかし、１９９０年代後半までに、ほとんどすべてのデザイン作業はシリコンバレーで行われるようになり、大部分の生産は東南アジアに移った。この非常に競争の激しい産業では、革新を継続的に行わなくてはならないので、デザインはシリコンバレーでなされている。他方、東南アジアの初期段階での強み（安い労働力）は、習熟された生産技術による高い付加価値優位性に取って代わられつつある。ディスクドライブ産業の発展の結果、二つの地域の強さはそれぞれ独特で、互いに補完的なものとなった。

ハリウッドやデトロイトのように、シリコンバレーの特徴は、この地域の特定の産業活動に専念する人々、企業や制度の独特な集積にある。③革新と起業家精神の交差するところにシリコンバレーの焦点があることは、市場に新しい製品をもたらすスタートアップ企業の支援に専念する多くの制度と個人によってわかる。これらには、大学、研究所、特化した供給者そして地域限定サービスが含まれる。すなわち、チップ・デザイナーからソフトウエア・ライターまで、エンジェル投資家やベンチャーキャピタリストから商業銀行まで、特許とベンチャーの弁護士からマーケティングの専門家、ヘッドハンター、会計士まで、さまざまである。

　これらの人々は、多様な形でつながっている。彼らはインテルやヒューレット・パッカードのような既存の企業での同僚であったかもしれないし、スタンフォード大の同級生仲間のように大学の同窓かもしれない。彼らは民族的なアイデンティティを共有するがゆえに、ザ・インダス・アントレプレナーズまたはモンテ・ジェイドのようなグループに属しているかもしれないし、あるいは、マイクロプロセッサ・デザイナー、金融の専門家または弁護士など、専門職としてのアイデンティティを共有しているかもしれない。あるいは、バンド・オブ・エンジェルズのような同じ投資家を持つことが、彼らを結びつけるかもしれない。公式的なつながりもあれば（大学、法律事務所）、非公式で、短命なものもある（有名なものとして、アップル・コンピュータの共同創立者のスティーヴ・ジョブズとスティーヴ・ウォズニアックを含む一匹狼たちの集まりとして１９７０年代半ばにあったホームブリュー・コンピューティング・クラブがある。これはよりユーザーフレンドリーな、より安いコンピュータを作りたい人たちの集まりであった）。

　これらのつながりの総体は、シリコンバレーにおける革新と起業家精神を実現するプロセスに何らかの形で貢献した、数多くの小さいネットワークから構成される巨大なネットワークである。濃密な集中のみならず、その広がりには目を見張るものがある。そこでなされる会話、プロジェクトや取引での長期にわたる豊富な蓄積に基づく緊密な関係が、豊かで生産的な関係という貴重な宝物を生むのである。相互作用は協力、競争そして相互のフィードバックによって際立ち、知識とアイデア、人々、資本の重要な流れを促進する。

（チョン・ムーン・リー、ウィリアム・Ｆ・ミラー、マルガリート・ゴン・ハンコック、ヘン

リー・S・ローエン編、中川勝弘監訳『シリコンバレー（上）―なぜ変わり続けるのか―』一部改変）

設問

問１　傍線部（１）に「集団化のプロセス」とある。これはどのようなプロセスか。本文の内容に即して１００字以内で述べなさい。

問２　傍線部（２）に「シリコンバレーは基本的には求心力と遠心力の緊張の中で形成されている」とある。このことについて、なぜ本文ではディスクドライブ産業の例を取り上げているのか。その理由を２５０字以内で述べなさい。

問３　傍線部（３）に「革新と起業家精神の交差するところにシリコンバレーの焦点がある」とある。これは具体的にはどういうことか。本文の内容に即して２５０字以内で述べなさい。

（新潟大学・経済科学部、２０１８年度）

課題文の読み取り

課題文自体は、抽象的なところもありますが、それほど難しい内容ではありません。

ただ、「シリコンバレー」と言われてピンとこない人には、わかりにくいかもしれません。

シリコンバレーとは、アメリカ・カリフォルニア州の一地域を指す言葉ですが、**アップルやグーグル、フェイスブックといった多くの巨大ＩＴ企業が生まれたことで有名**です。

この地域に数多くのＩＴ関連のベンチャー企業が集まって、多くのイノベーションが生み出されてきました。

課題文では、**シリコンバレーがなぜここまで発展することができたかを、「集団化」「分散と集中」「ネットワーク化」など、いくつかの観点から分析**しています。

問1〜3の解説

3つの設問は、**すべて課題文の読み取りが必要な説明問題**になっています。

したがって、どの問題も、自分の考えなどではなく、あくまでも課題文の内容に即して答える必要があります。

問1は、傍線部（1）の「集団化のプロセス」の説明が求められています。

これについては、傍線部を含む段落とそのひとつ前の段落で、具体例も含めて説明されています。

要するに、**何らかのきっかけである地域に技術が広まると、それにひかれて同じような仕事をする人々や企業が集まり、そのこと自体がさらに多くの企業を呼び集める効果をもつ**わけです。

100字しかないので、要点をまとめるだけで十分です。

ちなみに、社会主義の国で行われる「集団化」とはまったく別の意味なので、そこは注意しましょう。

問2は、シリコンバレーが「求心力と遠心力の緊張の中で形成されている」ことの例として、ディスクドライブ産業が挙げられている理由を説明する問題です。

ここでは、「求心力と遠心力の緊張」という箇所をどう理解するかが鍵になります。

この場合、「求心力」というのは、ディスクドライブ産業のデザインがほとんどシリコンバレーで行われるようになったこと、「遠心力」というのは、大部分の生産が東南アジアに移ったことを言っています。

それまで「アメリカと日本の広い範囲」で行われていた作業が、この2箇所に集約されたことが、シリコンバレーの強みにつながっているわけです。

そうしたことを、字数に合わせて説明するといいでしょう。

問3は、「革新と起業家精神の交差するところにシリコンバレーの焦点がある」という箇所を具体的に説明することが求められています。

抽象的でわかりにくい表現ですが、その前後に、

「シリコンバレーの特徴は、この地域の特定の産業活動に専念する人々、企業や制度の独特な集積にある」

「市場に新しい製品をもたらすスタートアップ企業の支援に専念する多くの制度と個人」

などとあるので、そちらをヒントにするほうがわかりやすいかもしれません。

簡単にいうと、**シリコンバレーには、起業家を支援する制度やネットワークが充実しているので、そのこと自体がシリコンバレーのイノベーションを生み出す役割を果たしている**、といったことでしょう。

問2は、二部構成の「B型」、問3は「A型」を使うと、まとめやすいと思います。

解答例

問1

何かのきっかけで、ある地域に特定の技術が広まると、それにひかれて同じような仕事をする人々や企業が集まる。すると、そのこと自体が、さらに多くの企業をその地域に呼び集める効果をもつ。

問2

ディスクドライブ産業は、かつてはデザインも製造もアメリカと日本の広い範囲で行われていたが、その後、産業の発展に伴い、デザインはシリコンバレーで、大部分の生産は東南アジアで行うように集約されていった。つまり、ディスクドライブ産業は、生産を東南アジアに集約させることで生産技術を高め、一方でデザインをシリコンバレーで継続的に行うことで、つねに革新を生み出せるようになった。このように、ディスクドライブ産業の構造的な変化は、シリコンバレーの地域性のもつ強みをよく表わしている。

問3

シリコンバレーには、起業家を支援する制度やネットワークが充実しているので、そのこと自体がシリコンバレーのイノベーションを生み出す役割を果たしている。たとえば、既存の企業や大学だけでなく、投資家、弁護士、マーケティングの専門家など、多くの人が起業を支援してくれる。そして、それらの人々の間には公式・非公式の小さなネットワークがあり、さらにそれらがつながって大きなネットワークとなっている。そうしたネットワークの広がりが、起業を促し、シリコンバレーにおける不断のイノベーションを生み出している。

特別付録

経済・経営系の小論文に出る23の基本テーマをいっきに解説！

23のキーワード ❶

資本主義

現在、世界の国々の多くが、「資本主義」の経済体制をとっています。

中国のように、政治的には共産主義体制をとっていても、経済的には資本主義的なシステムをとっている国もあります。

資本主義社会では、十分な資本があれば、誰でも自由に事業を始めることができます。そして、労働者を雇って商品（モノやサービス）をつくり、市場で売って利益を得ようとします。

一方、十分なお金をもたない大多数の人々は、自分の労働力を商品としてお金に変えて（働く代価として賃金をもらって）、それで生活をするわけです。

市場では、少しでも多くの利益を得ようと、多くの企業が競い合って工夫しながら、できるだけ安くてよい商品をたくさん売ろうとします。

そうすることで、**生産力が上がって人々の生活も便利になり、社会全体が豊かになる**と考えられています。

ところが、このシステムだと、企業は労働者を安く雇って長時間働かせるほど、コストが抑えられ、儲けも大きくなります。

そのため、**企業の経営層と一般の労働者との間の貧富の差が激しくなり、そのことが不公平感を広げる結果となっています。**

23のキーワード ②

金融資本主義

資本主義は、資本を元手にして利益を増やすことが目的です。

しかし、何も人を雇ったり、工場をつくったりしてモノを生産しなくても、株の売買などの投機だけでお金を増やすことができれば、これほど効率のいいことはありません。

そのため、**グローバル化の進んだ現在は、世界的な規模で株の取引が日々行われ、巨額のお金が動くようになっています。**

これを**「金融資本主義」**と呼ぶこともあります。

資本主義は、もともと「個人が自由に利益を追求することで、結果的に社会全体が豊かになる」という考え方だったはずです。

しかし、金融資本主義では、お金の動きはお金自体を増やすだけで何も生み出さないので、一部の投資家はどんどん豊かになるものの、それが必ずしも社会全体を豊かにするとは限りません。

さらに問題なのは、**金融資本主義には、生産されたモノや工場、働く人といった実体がないので、何かの拍子にあっさり崩壊してしまう危険がつねにある**ことです。

市場がグローバル化した現在、その影響は一国を越えて、世界中に広がります。

2007年の世界金融危機が、まさにその典型例と言えるでしょう。

「経済成長を重視すべきか」という議論をよく耳にしますが、**「経済が成長している」というのは、具体的には、GDP（国内総生産）が増えつづけている状態**を言います。**GDPとは「一定期間内に国内で生産されたモノやサービスの付加価値の総額」**のことです。

ある国のGDPの伸び率が高いほど、その国は「経済成長」していると言えるわけです。

もっとも、消費が同じでも物価が上がれば、それだけGDPは増えます。

そのため、**経済成長しているかどうかを正確に判断するには、物価の変動を取り除いて考える必要があります**（これを**「実質GDP」**と言います）。

もちろん、**GDPはたんなる数字であって、その大きさが国民の幸福度を直接反映しているわけではありません**。

経済成長について考える際には、その点に十分気をつける必要があります。

23のキーワード
④

金融緩和

景気の良し悪しは国民の生活を大きく左右するので、景気が悪くならないように、国として何らかの手を打つ必要があります。

そのために行われる政策のひとつが、**金融政策**です。

金融政策というのは、簡単にいえば、中央銀行（日本では日本銀行）が物価を安定させるために、市場に出回るお金の量を調整することです。

不況の時期には、「金融緩和」といって、社会に流通するお金の量を増やします。

それを使って設備投資をする企業や、高い買い物をする消費者も増えて、経済活動が活発になるというわけです。

ただし、これには問題点もあります。

市場に出回るお金の量を増やすには、金利を下げて、企業が民間の銀行からお金を借りやすくするのが早道ですが、**金利がゼロになってそれ以上下げることができなくなれば、**

金融政策の効果はなくなってしまいます。

また、**金融政策がいきすぎて、お金の量が増えすぎると、今度は賃金の上昇より物価の上昇が激しくなって、国民は生活に困ることになる**でしょう。その点を批判する人もいます。

23のキーワード
⑤

経済のグローバル化

「経済のグローバル化」とは、**経済活動がひとつの国や地域の中だけでなく、世界規模で展開するようになること**をいいます。

具体的には、**ヒト（労働者）、モノ（商品）、カネ（資本）が、国境を越えて自由に行き来するようになり、市場が一体化されていくこと**です。

たとえば、私たちがふだん食べているものの大半は、いまや外国から輸入したものです。

また、日本企業が海外に生産拠点を移し、外国人を雇って生産したモノが日本に輸入され、それを日本人がふつうに買って使うようになっています。

グローバル化が進めば、日本のような先進国では、海外の安い商品が自由に買えるようになり、消費者は得をします。

また、国内市場が小さい国にとっては、海外市場に参加することで経済成長をするチャンスが生まれるでしょう。

一方で、グローバルな競争に勝ち抜くために、企業経営の合理化が求められ、リストラや賃金の削減、福祉の切り捨てなどが起きる恐れもあります。

このように見てくると、**グローバル化によって推進されるさまざまな現象が、立場や状況に応じてプラスにもなり、マイナスにもなる**ことがわかるはずです。

23のキーワード
6
移民

ヒトのグローバル化については、近年、外国人労働者の受け入れをめぐって、日本でも議論が活発になっています。

移民の受け入れには、さまざまな障害があります。

欧米諸国では、近年、移民をめぐって深刻な対立が表面化し、移民排斥を訴える極右政党が勢力を伸ばしている国もあります。

日本でも、**「犯罪が増える」「治安が悪化する」「社会保障費の負担が増加する」**など、**移民の流入に対してネガティブな印象をもつ人は多い**ようです。

一方で、**「文化・社会が活性化する」「経済が活性化する」など、移民の存在がいい影響をもたらす**と考える人もいます。

とくに、少子高齢化による労働力不足が予想される現在、製造業、農業、介護などの人手不足の深刻な産業分野を中心に、単純労働者の積極的な受け入れを求める企業の声も強まっています。

さまざまな見方はありますが、**優秀な人材や労働者が国境を越えて移動する動きそのものを押し留めることは、もはや不可能**と言えるでしょう。

そのため、**「どんな移民をどのように受け入れるのか」という国としての方針をはっき**

りと定めることが重要だと言えます。

23のキーワード ⑦

インバウンド消費

近年、日本が外国人観光客が急増し、20年ほどで7倍にもなっています。２０２０年の新型コロナウイルスの世界的流行により、一時的に訪日外国人の数は激減していますが、外国人観光客の増加傾向そのものは、大きく変わらないと見られています。

日本政府は、２００６年に「観光立国推進基本法」を制定して以来、観光業の活性化や日本の観光資源の海外へのアピールなどに積極的に取り組んでいますが、その成果があらわれてきていると言えるでしょう。

外国人観光客が日本国内で行う消費（これを**「インバウンド消費」**と呼びます）による経済効果も、現在、無視できないほど大きくなっています。

そのため、インバウンド消費の拡大に向けて、新たな取り組みも始まっています。

たとえば、**日本政府が決済のキャッシュレス化を推し進めているのは、インバウンド消費を伸ばすため**という面もあります。

キャッシュレス決済が広まれば、外国人観光客は、自国の通貨をいちいち日本円に両替しなくても買い物ができるようになります。

そうすれば、自然と財布の紐も緩むでしょう。そうした効果を狙っているわけです。

今後も、外国人観光客、または訪日リピーターをいかに増やすかが、日本経済において重要な課題となるでしょう。

23のキーワード ⑧

社会保障

「社会保障」とは、病気やケガ、老齢、失業などが原因で、自分だけの力では生活できなくなった人が最低限の生活を送れるように、社会が支援する仕組みのことです。

私たちの生活には、さまざまなリスクがついて回ります。

いつ何時、病気や失業などで働けなくなるかわかりません。そうした不安を抱えたままでは、安心して生活できません。

そうならないように、**国民がお金（税金や保険料）を出し合って、お互いに助け合おうというのが、社会保障の基本的な考え方**です。

社会保障のもうひとつの役割は、**所得再分配**です。

これは簡単にいえば、**経済的に豊かな人の所得から、一部のお金を貧しい人に回す**ことです。

所得の高い家庭の子どもは、高度な教育を受けて、いい就職をしやすく、所得の低い家庭だとその逆になりやすいでしょう。

そうして、**貧富の差が固定して、社会の下層から上層へ上がるのが難しくなれば、社会は競争力を失い、停滞してしまう**恐れがあります。

そうならないように、**市場から得られる所得をなるべく公平に分配して、格差をできるだけなくそうとするのが、所得再分配の考え方**です。

23のキーワード ⑨

ベーシック・インカム

「ベーシック・インカム」とは、すべての国民に、基本的な生活に必要なお金を一律に支給しようという制度です。

ただし、フィンランド、カナダ、オランダなどで実験的に行われているだけで、**制度として本格的に導入している国はまだありません**。

従来の社会保障の考え方だと、福祉の必要な人がどうしても取りこぼされてしまう場合があります。

たとえば、「ワーキングプア」と言われる人たちは、まともに生活ができていないにもかかわらず、フルタイムで働いているために、失業保険の対象になりません。

それに対して、**ベーシック・インカムは、所得の多少にかかわらず、すべての国民に無条件に支給**されます。

この点が、**従来の社会保障との根本的な違い**です。

その代わりに、**年金や雇用保険、生活保護などが廃止されます**。

この制度があれば、**極端な貧困はなくなり、現在の日本に見られるような格差も縮小する**でしょう。

ただし、それだけの財源を用意するのは、現実的に難しいかもしれません。

また、**富裕層に支給する分を本当に困っている人に優先的に支給するほうが、福祉としては効率的だ**という見方もあり、いまだに議論が続いています。

23のキーワード ⑩

人口減少社会

少子化が進んだ結果、日本は、２０１１年から、人口減少社会になったと言われています。

人口が減るということは、それだけ消費者も減るということです。モノを買う人が減れば、モノが売れなくなり、市場規模も縮小します。

それ以上に深刻なのが、労働力の不足です。

少子化が進めば、若い労働力が減ってしまいます。

働く人が減れば、それだけ国全体の生産量も減るので、経済力も低下します。

それだけでなく、いまの日本は同時に高齢化も進んでいるので、社会保障を必要とする人は今後どんどん増えつづけます。

つまり、**現役世代が減る一方で、それに支えられる高齢者の数は増えていくので、現役世代の負担が増大**します。

このままだと、いずれ現役世代が高齢者を支えきれなくなって、社会保障制度も破綻してしまうでしょう。

一方、**一人あたりの生産性を上げて、現在の経済水準を維持できれば、人口が減った分、一人あたりに分配される資源は増えます**。

そうなれば、一人ひとりの生活の質は、むしろ上がるでしょう。

その分、格差も少なくなって、人々はもっとゆとりのある生活を送れるようになる可能性もあります。

23のキーワード ⑪

地域経済

地域には、**その地域の強みを活かした産業があり、地元の人たちに雇用を提供**しています。

そして、それが**地域の人々の暮らしを支える基盤としての役割**を果たしてきました。

ところが、経済の自由化が進み、大手企業が全国展開するようになると、地域の産業も次第にその強みを失っていきます。

さらに、賃金コストの低い途上国へと工場を移転させる企業も増えています。

その結果として、**農業や製造業に支えられていた地域の経済が衰退**しています。

そのため、その地方では雇用先がなくなるので、若者は仕事を求めてさらに都市に集中します。こうして、**地方からの人口流出がさらに進む**わけです。

このまま地域経済が衰退してしまうと、日本全体の経済にも大きな悪影響が及びます。

たとえば、東京への一極集中が進みすぎると、何かのきっかけで東京の都市機能が奪われてしまえば、それが全国に波及して、日本全体が機能しなくなってしまいます。

各々の地域が自立して、ある程度、地元で経済が回るようにしておかなければ、日本経済の基盤も脆弱なままでしょう。

その意味でも、**地域経済の活性化は、今後の日本にとって重要な課題**と言えます。

23のキーワード ⑫

日本的経営

戦後の日本では、新卒者を一度採用したら、勤続年数に応じて賃金を上げながら定年まで雇用しつづける「終身雇用・年功序列」の形態が一般的でした。

それによって、社員が会社に忠誠心をもち、企業と社員が協調して、家族的なつながりができました。

こうした慣行が、**戦後の日本経済の成長を支えてきた**と言われています。

しかし、1990年代以降、グローバル化が進むにつれて、**日本の企業も、海外の企業**

との競争に勝つためには、人件費を安く抑え、できるだけコストカットする必要に迫られました。

そうなると、「日本的経営」に支えられた家族的な労使関係が、かえって組織を硬直化させ、企業の足かせとなってしまいます。

従来の終身雇用・年功序列制のもとでは、成果が賃金に反映されず、仕事に失敗してもなかなか解雇されません。

成果を上げても上げなくても給料が変わらないのでは、能力のある社員のモチベーションが上がらないでしょう。

そこで、成果主義が導入され、終身雇用・年功序列という日本的経営の見直しが進むことになったわけです。

次に説明する「雇用の流動化」が進んだのも、そのためです。

「雇用の流動化」というのは、本来は、労働市場を活性化するために、労働者が転職しやすくするようにすることです。

ところが、**日本でそれによって実際に起こったのは、非正規雇用の増加**です。

非正規雇用者は、正規雇用の正社員と違って、賃金が安くて昇給もなく、社会保障がなく、解雇しやすいのが特徴です。

そのため、コストを削減したい企業にとっては、同じ仕事ができるのであれば、賃金が安くて解雇しやすい非正規雇用者を雇うほうが、はるかにメリットが大きいわけです。

しかし、そうなると、**非正規雇用者と正社員との所得格差が問題**になってきます。

正社員は年功序列で賃金が上がっていくので、昇給のない非正規雇用者との賃金格差は開くいっぽうです。

そのため、非正規雇用者の中には、フルタイムで働いているにもかかわらず、貧困に苦しむ人たち（ワーキングプア）も出てきました。

また、**非正規雇用の若者は、将来への不安を抱えているので、結婚や出産に踏み切れないことも多く、そのことが少子化をいっそう促進している**とも言われています。

23のキーワード
⑭

格差社会

従来は、日本は**「総中流社会」**とも言われ、**富裕な人と貧しい人の格差がそれほど大きくなく、比較的平等な社会**だと言われてきました。

ところが、1990年代以降、「総中流社会」を支えていた日本的経営が破綻し、雇用の流動化が進んだことで、国民の間の所得格差が目立ち、格差社会と呼ばれるようになってきました。

現在の日本は、**先進国の中でも、相対的貧困率の高い国**になっています。

このまま格差が拡大すれば、所得の高い層と低い層に、階層が固定化すると言われています。

所得が低い家庭の子どもは、私立の学校に行けず、また難関校に受かるために塾に通うこともできません。

すると、収入の多い仕事に就くことが難しくなります。

つまり、**所得の低い層の出身者が、努力して所得の高い層へと移ることが困難になる**わけです。

そうなると、**もはや前近代の階級社会・身分社会と変わらなくなってしまいます**。

機会の平等を保障するのが民主主義の原則なのに、これでは民主社会とは言えなくなるでしょう。

格差の拡大には、そうした民主主義の本質にかかわる深刻な問題もあるのです。

23のキーワード ⑮

ワークライフバランス

以前から、日本人の労働時間の長さは、国際的に批判されてきました。

とくに日本の場合、**働いたのに賃金が支払われない「サービス残業」がいまだに多い**ようです。

長時間労働が続くと、体調を崩したり、うつ病になったりする場合があります。それがさらに、「過労死」や自殺につながることもあります。

こうした問題を改善し、真の豊かさが感じられる社会を実現するために、最近注目されているのが**「ワークライフバランス」（日本語に訳すと、「仕事と生活の調和」）**という考え方です。

残業をせず、毎日定時には会社を出て帰宅するという働き方を徹底することで、**家庭では、家族団らんの時間が生まれ、夫婦や親子の間のコミュニケーションが増える**でしょう。

男性の場合は、家事や育児などを手伝う余裕も生まれ、その分、女性が仕事や育児をしやすくなります。

また、家庭生活が充実してくれれば、仕事に対する意欲も増して、仕事の効率もアップするでしょう。

このように**「仕事と生活の調和」をはかることは、働く者にとっても、会社にとっても、望ましい結果を生むことになる**と考えられています。

23のキーワード ⑯

働き方改革

近年、政府が「働き方改革」を提唱し、実現に向けてさまざまな法制度の改革などを行っています。

少子高齢化が進み、今後は労働力不足が深刻になっていきます。そのため、働き手を増やしたり、労働生産性を上げる必要があります。

しかし、いまのように長時間労働が横行したり、正社員と非正規社員との所得格差が広がるいっぽうだと、人々は労働意欲をなくし、生産性も上がりません。

そこで、そうした問題をなくし、**働きたい人が個々の事情に応じて多様な働き方のできる社会をめざそうというのが、「働き方改革」の目的**です。

そのためには、**時間外労働を規制したり、高齢者や女性などが働きやすい環境を整える必要があります**。

とくに改革の目玉となっているのが、同一労働同一賃金の実現です。

正社員でも非正規社員でも、仕事の内容が同じであれば同じ賃金を支払うようにすれば、格差は生じません。

そうすることで、**最終的には正規・非正規という枠組み自体をなくそう**というわけです。

ただし、こうした改革を実現させるには、**何よりも企業や正社員の根本的な意識改革が必要**です。

それにはまだまだ時間がかかりそうだ、というのが多くの人の実感でしょう。

23のキーワード ⑰

ダイバーシティ

働き方改革の一環として、近年、日本でも**「ダイバーシティ」の重要性**が言われるようになってきました。

ダイバーシティとは**「多様性」**という意味で、**性別、年齢、人種、障がいの有無といっ**

た属性にかかわりなく、多様な人材を受け入れて企業を活性化させようという動きのことです。

情報化やグローバル化が進み、多様化する人々のニーズに応えるためにも、これからの企業は多様な人材を活用する必要があります。

また、少子化による労働力不足を補うためにも、従来は働き手とみなされてこなかった人たち、つまり**女性や高齢者、外国人、障がいのある人なども、積極的に雇用し、活用することが必要**になってきます。

しかし、そうした人たちに、従来の正社員のような日本的な働き方（長時間労働、企業側の都合による一方的な異動・転勤など）を強要するわけにはいきません。

育児中の女性や高齢者、障がいをもった人などはフルタイムで働くのは難しいでしょうし、生活習慣の異なる外国人に日本の企業の慣習を押しつけることもできません。

そのため、そうした**多様な属性をもつ人たちが働きやすい環境を整えることが、社会的に大きな課題**となっています。

23のキーワード
⑱

女性の雇用

ダイバーシティは、日本の場合、とくに女性の雇用について問題になっています。

ひとつには、**日本では「女性の雇用」がいまだに厳しいという現状**があります。

日本では、結婚・出産を機に仕事を辞め、子育てが終わった段階で非正規の仕事（パートなど）に復帰する女性が多いのが現状です。

それには、もともと女性が就職しても、企業の正規のメンバーとして扱われず、結婚・出産までの腰掛け程度にしか思われてこなかったという事情があります。

そうした傾向の背景に、**「男は仕事、女は家事・育児に専念すべき」という伝統的な家族観があるのは、否定できない**でしょう。

もちろん、こうした状況は少しずつ改善され、男女雇用機会均等法（１９８６年施行）の度重なる改正もあって、少なくとも女性に対してあからさまに差別的な扱いはできなくなっています。共働きも一般的になってきました。

それでも、**夫婦がお互いにフルタイムで働いていても、女性の側が家事・育児を多く負担することがふつうで、そうした現実が女性の社会での活躍を難しいものにしている**ことは否定できません。

23のキーワード⑲

ＡＩと雇用

近年、ＡＩ（人工知能）の開発が急速に進み、ＡＩは私たちの生活にとってなくてはならないものになってきています。

それに伴い、**「今後ＡＩが人間の仕事を奪っていくのではないか」という予測**もされるようになってきました。

たとえば、日本でも、２０１５年に野村総合研究所が**「今後20年以内に、労働人口の約半分がＡＩに仕事を奪われる」**という発表をして以来、多くの議論を呼んでいます。

一方、**高度なコミュニケーション力や創造力、ホスピタリティ、マネジメント能力が求**

められる仕事は、まだまだＡＩが担うことはできません。

また、進化したＡＩがいくら自動学習の能力をもっているといっても、そのＡＩをコントロールして的確に仕事をさせたり、人間の顧客や社会との間をつなぐ役割は、人間にしかできません。

したがって、人間の仕事がＡＩに奪われるというより、ＡＩの導入によって、人間の仕事の質や役割、雇用の構造などが変化すると言うべきでしょう。

そうすると、今後私たちは、仕事が奪われる可能性を悲観するよりも、仕事のあり方の変化に対応して、それに適応する努力が求められるようになるでしょう。

23のキーワード ⑳

イノベーション

「経済成長にはイノベーションが必要だ」と、しばしば言われます。

イノベーションという言葉は、日本語では「技術革新」と訳されてきましたが、これでは「イノベーション＝技術的な進歩」と誤解される恐れがあります。

イノベーションには、**「新しい価値を創造することで社会や経済を変革させる」という意味合い**があります。

つまり、**新しいノウハウやシステムをつくり出したり、新しいニーズを生み出すことも、イノベーションを起こすためには必要**なのです。

現代社会の最大のイノベーションは、インターネットでしょう。

インターネットのベースとなる技術が開発されたのは１９６０年代ですが、それ以来、社会や経済に新しい価値を生み出しつづけています。

インターネットが普及することで、コミュニケーションのあり方、働き方、生活の仕方など、生活のすべてが変わってしまいました。

アメリカのシリコンバレーが次々とイノベーションを生み出しているのも、そこに巨大ＩＴ産業が集まっているからです。

いかにしてイノベーションを起こしつづけるかは、現代の企業にとって大きな課題と言えるでしょう。

23のキーワード
㉑

インセンティブ

「インセンティブ」とは、簡単にいうと、「人々をやる気にさせる外からの刺激」です。

たとえば、空き缶のポイ捨てをなくすのに、条例で禁止したりポスターなどで啓蒙しても、なかなか効果は上がりません。

そこで、空き缶を決められた回収ボックスに入れると、10円返ってくるようにします。

すると、ポイ捨てをやめて回収ボックスを使う人が増えるでしょう。**条例で禁止するよりも、ずっと効果がある**はずです。

もちろん、**罰金などを科してある行動をさせないようにするのも、インセンティブの一種**です。

また、**インセンティブになるのは、お金だけではありません**。

「人に認められたい」「ほめてもらいたい」などの思いが、**インセンティブとなって人を動かす**こともあります。これもインセンティブの一種です。

ただし、間違ったインセンティブを与えて、誰も望まない結果を引き起こすこともしばしばあります。たとえば、報酬をエサにすることで、かえって道徳心の高い人のやる気をなくさせることもあるのです。

したがって、**制度や政策などを議論する際には、どのようなインセンティブが効果的かをよく見極める必要がある**でしょう。

23のキーワード 22 ナッジ

「ナッジ」（直訳すると、**「肘で軽くつつく」**）とは、**最近マスコミなどでもよく使われるようになった言葉**です。もともとは、行動経済学の用語です。

たとえば、「健康にいい食品を選べ」と言われても、「押しつけは嫌だ」と感じる人もいるでしょう。

しかし、コンビニの目立つ棚にそうした食品を置いておくと、ついでに買っていく人が増えることがわかっています。

このように、強制や教育なしに、人々が自発的に望ましい行動を選ぶように促すことを、「ナッジ」と呼ぶのです。

ナッジの考え方は、現在、多くの国で注目され、公共政策や企業のマーケティング戦略に取り入れられています。

ただ、「ナッジ」は、特定の目的のために人間の行動をコントロールする手法なので、倫理的に問題があると批判する人もいます。

それに、こうした手法は、一歩間違えば悪用されて、政府や企業が自分たちの都合のよいように人々を誘導する手段に使われる恐れもあります。

そのため、「ナッジ」を公共政策などに取り入れる際には、それが本当に正当化されうるかどうか、慎重な見極めが必要でしょう。

「ゲーム理論」とは、**1980年代以降、注目されるようになった学問の分野**です。

これは、**簡単にいうと、人間が何らかの行動を選択した結果、何が起こるかを予測する学問**です。

古典的な経済学では、各人が自分にとって最も合理的な、つまり利益となる選択をすることが、市場（社会）にとってもいい結果につながると考えます。

ところが、ゲーム理論の有名な**「囚人のジレンマ」**というモデルでは、**各人が自分にとってベストとなる選択をした結果、お互いに協力した場合よりも全員にとって悪い結果を招いてしまう**のです。

わかりやすいのが、環境問題でしょう。

各国が資源を乱獲するのは、それぞれの国の経済にとってはベストで合理的な選択ですが、その結果、地球環境が破壊され、すべての人類が被害を受けることになります。

そこで、**「さまざまな状況において、各人がどういう選択をすることが、全体にとって最も望ましい結果につながるか」ということを研究するのが、ゲーム理論**なのです。

これは経済を考えるうえで重要な切り口で、だからこそ、経済学でもゲーム理論が注目されているわけです。

【著者紹介】
樋口裕一（ひぐち　ゆういち）
1951年大分県生まれ。早稲田大学第一文学部卒業。多摩大学名誉教授。小学生から社会人までを対象にした通信添削による作文・小論文の専門塾「白藍塾」塾長。
著書に250万部のベストセラーになった『頭がいい人、悪い人の話し方』（PHP新書）のほか、『小論文これだけ！』（東洋経済新報社）、『読むだけ小論文』（学研）、『ぶっつけ小論文』（文英堂）、『ホンモノの文章力』（集英社新書）、『人の心を動かす文章術』（草思社）、『音楽で人は輝く』（集英社新書）、『65歳 何もしない勇気』（幻冬舎）など多数。

大原理志（おおはら　まさし）
白藍塾講師。1966年高知県生まれ。広島大学総合科学部卒業後、立教大学大学院文学研究科博士課程後期満期退学。著書に『まるまる使える小論文必携』（桐原書店）、主な共著に『小論文これだけ！経済深掘り編』『小論文これだけ！模範解答超基礎編』『小論文これだけ！模範解答経済・経営編』（以上、東洋経済新報社）などがある。

〈白藍塾問い合わせ先&資料請求先〉
〒161-0033
東京都新宿区下落合1-5-18-208
白藍塾総合情報室（03-3369-1179）
https://hakuranjuku.co.jp
お電話での資料のお求めは
☎0120-890-195

小論文これだけ！書き方　経済・経営編

2020年10月22日　第1刷発行
2024年12月16日　第2刷発行

著　者――樋口裕一／大原理志
発行者――田北浩章
発行所――東洋経済新報社
〒103-8345　東京都中央区日本橋本石町 1-2-1
電話＝東洋経済コールセンター　03(6386)1040
https://toyokeizai.net/

装　丁…………豊島昭市〔テンフォーティ〕
ＤＴＰ…………アイランドコレクション
編集協力………小田明美
校　正…………加藤義廣／佐藤真由美
印　刷…………港北メディアサービス
製　本…………大口製本印刷
編集担当………中里有吾
　ISBN 978-4-492-04675-3